LAS SIETE LLAVES DE LA SUPEREFICIENCIA

LAS SIETE LLAVES DE LA SUPEREFICIENCIA

EDICIONES DEUSTO S·A·
Madrid/Barcelona/Bilbao

Barraincúa, 14, 48009 Bilbao

Las siete llaves de la supereficiencia

ISBN: 84-234-0705-5
ISBN: 84-234-1012-9 (obra completa)
Depósito Legal: B-38.562-91
Impreso en España - Printed in Spain

Imprime: Novoprint, S.A., Sant Andreu de la Barca (Barcelona)
Distribuye: Marco Ibérica Distribución de Ediciones, S.A.
Carretera de Irún, km 13,350,
variante de Fuencarral,
28034 Madrid

ÍNDICE

INTRODUCCIÓN

En momentos de santa honradez —o de absoluta desesperación— la mayoría de nosotros admitimos que podríamos, y deberíamos, ser más eficientes de lo que somos. Sabemos que, con un poco más de cabeza y atención, nuestra vida laboral podría resultar menos frustrante, más organizada y mucho más divertida. Tendríamos más tiempo para pensar, para dirigir, para elevar a la enésima potencia nuestras propias posibilidades de éxito.

No es necesario, ni tan siquiera posible, que un ser humano sea total y permanentemente eficiente. Pero es probable que usted haya leído libros, o asistido a cursos, para aprender a dirigir a su personal, su departamento, su empresa. Este libro le enseñará sencillamente a dirigirse a sí mismo.

Antes de embarcarse en la labor de mejorar su eficiencia, es vital saber lo que es (y lo que no es) la eficiencia. Las definiciones del diccionario no son de gran ayuda. Abundan los conceptos erróneos sobre este tema. Éstos son algunos de los más frecuentes:

— *La eficiencia es una mesa limpia y ordenada donde todo está en su sitio y los documentos están colocados de forma correcta.*
— *La eficiencia no es más que una atención obsesiva al detalle.*
— *La eficiencia es una característica de espíritus pobres y pedantes: ser muy desorganizado es un claro indicativo de creatividad.*
— *La eficiencia sólo importa cuando se está en la base del escalafón; no es necesaria cuando uno está en la cumbre planeando grandes estrategias.*
— *La eficiencia es algo que debe dejarse en manos de una buena secretaria.*
— *La eficiencia o se lleva en la sangre o no se lleva; si es usted ineficiente de nacimiento, déjese de luchas, relájese y disfrute.*

Ninguna de las definiciones arriba mencionadas es cierta y todas ellas son un obstáculo en nuestro esfuerzo por lograr una mayor eficiencia. En contraste, éstos son los hechos:

— *Aunque es casi inevitable que el resultado de un desorden crónico sea la ineficiencia, la limpieza crónica no es, en absoluto, prueba de eficiencia. Usted, probablemente, conoce a mucha gente limpia y ordenada cuya ineficiencia es crónica.*
— *Es imposible ser eficiente si nunca se presta atención al detalle, pero la atención al detalle es un síntoma, no una causa.*
— *La eficiencia libera, no oprime; la mayor parte de las personas muy creativas son también muy organizadas.*
— *Pocas personas, si es que hay alguna, llegan a la cima sin ser extremadamente eficientes, cuanto más alto se sube, mayor importancia adquiere la eficiencia.*
— *Las secretarias pueden ser de gran ayuda para conseguir eficiencia, a pesar del mito existente en las oficinas en contra de esta opinión, pero ni siquiera la más maravillosa y competente de las secretarias puede organizar a un jefe desesperadamente incompetente (sobre todo porque las secretarias maravillosas y competentes no trabajan para jefes desesperadamente incompetentes).*
— *Aunque algunas personas son, por naturaleza, más organizadas que otras, la eficiencia es una habilidad que puede adquirirse fácilmente, por medio de una serie de métodos y técnicas con los cuales se pueden mejorar enormemente la capacidad y el rendimiento.*

Tal vez el error más generalizado con respecto a la eficiencia sea relacionarla con las cosas: agendas al día, lápices bien afilados, archivadores ordenados, etc. Pero no es así. Principalmente, tiene que ver con los seres humanos: usted mismo y aquéllos con quienes trabaja. Así pues, vamos a embarcarnos en la tarea de alcanzar la supereficiencia centrándonos en el vínculo crucial existente entre los seres humanos, vínculo que, al parecer, se rompe con tanta frecuencia y conduce a ineficiencias monstruosas: la *comunicación*.

Después examinaremos las otras seis llaves de la supereficiencia. Usted aprenderá a administrar el *tiempo,* evitar la *postergación,* dominar los *datos,* generar *ideas* afortunadas, *viajar* con mayor creatividad y tratar a la *gente* con más eficacia.

Con estas siete llaves, podrá abrir fácilmente las puertas que actualmente le impiden el acceso a mejores resultados, a mayores éxitos... y a la supereficiencia. Siga leyendo.

CAPÍTULO 1

COMUNICARSE PERSUASIVAMENTE

Hubo un tiempo, cuando los jefes eran jefes y los empleados descarriados iban a la calle a las primeras de cambio, en que si alguien malinterpretaba las instrucciones que recibía, recibía una patada en salva sea la parte. Pero hoy en día las cosas han cambiado. En la actualidad, si yo te entiendo mal, probablemente es culpa tuya. Si te entiendo perfectamente pero no me gusta lo que me dices, me andaré con rodeos, no me decidiré y es muy posible que desbarate por completo tu petición. Así pues, mejorar la capacidad de comunicación es la primera llave para mejorar la eficiencia.

Piénselo un momento. En el trabajo, no se puede hacer nada sin la ayuda de los demás. El artesano de antaño podía cincelar sus piezas solo, pero usted no. Puede aconsejar, recomendar, dar instrucciones, tomar decisiones, ordenar, pero todo esto implica a otras personas. Incluso aquellos que trabajan independientemente —como periodistas o abogados— cuentan siempre con los demás. En nuestra economía, de una complejidad extraordinaria, las palabras del gran poeta metafísico del siglo XVI John Donne suenan más reales que nunca: «Nadie es una isla.»

Así pues, cuanto más eficientemente pueda tratar con otras personas, más eficiente será usted mismo. Y el secreto de tratar eficientemente con la gente es una *comunicación persuasiva.* La comunicación persuasiva no es el arte de vender (aunque el arte de vender sea una forma de comunicación persuasiva). Una comunicación persuasiva es la que se presenta a los receptores de la manera más adecuada; en otras palabras, de una manera que les persuada a hacer lo que usted quiere que hagan, sin más ni más.

Por tanto, una comunicación persuasiva ahorra tiempo, y la pérdida de tiempo es uno de los pilares de la ineficiencia. Pero una comunicación persuasiva presenta dos ventajas secundarias. En primer lugar, en las modernas organizaciones, especialmente en las grandes, la manera de decir las cosas suele tener más importancia que lo que se dice. Muchas compañías importantes son la prueba viviente de cómo el estilo triunfa sobre el contenido. Todos sabemos que esto es así en lo que al aspecto se refiere: por muy brillante que sea su cerebro o por muy acertadas que resulten sus decisiones, si lleva los trajes arrugados y los zapatos rotos, nunca llegará a presidente. Lo mismo sucede con la comunicación.

Segunda ventaja secundaria: en cualquier organización, las personas a las que cuesta entender, pronto quedan catalogadas de torpes. Si la mitad de los ejecutivos del mundo supieran cómo sus secretarias, subordinados y colegas se burlan e imitan sus peroratas, andarían más despiertos, o se volverían paranoicos, o ambas cosas a la vez. Usted no puede tratar eficientemente con la gente si, incluso antes de que abra la boca, todos saben que va a hablar a trompicones.

En cierto sentido, todo el mundo es consciente de estas cosas. Nadie habla a trompicones deliberadamente. Así pues, ¿por qué nos cuesta comunicarnos? ¿Cuáles son las barreras para una mejor comunicación? ¿Es posible, con una pizca de esfuerzo, aprender a comunicarnos persuasivamente? La respuesta es, sencillamente, sí: la comunicación es una habilidad que aprendemos inconscientemente mientras crecemos y toda habilidad que se aprende «inconscientemente» se puede aprender a perfeccionar «conscientemente».

La comunicación personal

Empecemos con la comunicación personal, cara a cara. En el transcurso de los últimos años, los psicólogos han dedicado múltiples estudios a los problemas de la comunicación personal y a la forma de resolverlos. Sus descubrimientos son importantes y, por fortuna, acordes al sentido común. Éstas son las seis lecciones principales que hay que aprender:

1. Asegúrese de captar la atención de quien le escucha

Muchos nos enfrentamos en nuestra vida a una charlatanería interminable a la cual, de vez en cuando, hacemos oídos sordos. En casa, no siempre escuchamos con total y absoluta atención a nuestra esposa o hijos. Subconscientemente, aprendemos a reconocer, por el tono de voz, cuándo dicen algo que deberíamos escuchar. (Por desgracia solemos equivocarnos, razón por la cual la frase «No me estás escuchando» debe de ser la más utilizada en todas las familias del mundo.)

Y aún peor, trasladamos nuestros malos hábitos de casa al trabajo. Hacemos garabatos y soñamos despiertos en las reuniones; damos vueltas al partido de squash que perdimos la semana pasada, en lugar de centrarnos en las ventas perdidas durante la última semana. Y, al igual que lo hacemos con los demás, los demás nos lo hacen a nosotros.

Afortunadamente, hay cuatro formas sencillas de hacer frente a este problema:

1. *Hable más alto.* Un número sorprendentemente elevado de personas —todos conocemos a alguna— hablan involuntariamente tan bajito que o no se les entiende o no se les hace caso. Es una costumbre a la cual son propensas las personas inseguras y tímidas, y normalmente agravan el problema poniéndose las manos delante de la boca. No hace falta decir que todo esto irrita a sus oyentes y les estimula a «desconectarse». No hay razón para hablar si no quiere que le oigan. Si usted tiene la impresión de hablar demasiado bajo, pregúnteselo a algún colega, a alguien que sepa que va a decirle la verdad. Y al hablar, nunca se ponga la mano delante de la boca: aparte de amortiguar el sonido de su voz, da la impresión de que no dice la verdad (cf. «Controle su lenguaje corporal», pág. 13).
2. *Module la voz.* Los oradores monótonos transforman a los oyentes en durmientes. Si los actores aprenden solos a modular la voz, usted también puede hacerlo. Igualmente en este caso, pregunte a un colega si usted tiene ese problema, o escuche su voz en un magnetófono y utilícelo para practicar.
3. *Entusiasmo e irritación.* Eleve la voz, de vez en cuando, unos cuantos decibelios para transmitir entusiasmo o irritación. Muchos hombres de negocios que han triunfado, particularmente en las grandes compañías emplean a gritos el poder del consenso categórico para comunicar su determinación y su empuje.
4. *Haga preguntas de control.* Adquiera la costumbre de hacer una pregunta al final de cualquier instrucción complicada. No diga: «¿Me han entendido?»; haga una pregunta sencilla y concreta con respecto a algo que haya dicho, como: «¿Están ustedes totalmente seguros de que se puede entregar el jueves próximo la cantidad de arandelas de plástico que he mencionado?» Con una o dos preguntas de este tipo —no tardará ni un segundo— comprobará rápidamente si se ha captado o no su mensaje y si podrá relajarse, seguir y marcharse.

CONSEJO: Los psicólogos han demostrado que es improbable que la gente le escuche si no le están mirando; así que, cuando dé instrucciones a alguien, no lo haga nunca hablándole por detrás.

2. ANTES DE ABRIR LA BOCA, DECIDA LO QUE VA A DECIR

En este caso también podemos trasladar nuestras malas costumbres del hogar y el bar a la oficina y la fábrica. Pensar antes de hablar supone un esfuerzo que, en la mayoría de los aspectos de la vida, es innecesario. Por inclinación natural, empezamos a hablar y, con todo optimismo, suponemos que, de una u otra forma, comunicaremos algo de lo que intentábamos comunicar, si es que sabíamos lo que era cuando empezamos.

Nunca empiece una frase a no ser que sepa cómo va a acabarla. Nunca se sienta violento por hacer una pausa durante unos momentos para ordenar sus pensamientos antes de hablar: «Los tontos se precipitan» se aplica tanto a las expresiones como a los hechos, mientras que: «Es un orador que piensa» (y ese «que piensa» equivale a «no precipitado») es siempre un cumplido.

La mayoría de las personas que hablan por hablar se enredan en frases largas y retorcidas. No lo haga. Hable con frases cortas y sencillas. Éstas le serán más fáciles de preparar y, para el oyente, más fáciles de entender.

Las ventajas de pensar antes de hablar son inapreciables, pero hay que prestar atención a un par de efectos secundarios que deben evitarse. Cuando haya decidido lo que va a decir y haya empezado a hacerlo, puede ocurrir que hable demasiado de prisa y sin suficiente explicación, o puede excederse y crear lo que los psicólogos llaman «sobrecarga de información».

La mejor forma de comprobarlo es observar la cara de los oyentes —sus reacciones le indicarán si le siguen o no— y terminar con un par de preguntas de control.

3. HABLE CLARO

Como dicen los psicólogos: los mensajes que no están claramente cifrados, no pueden ser claramente descifrados. Y el código cifrado debe ser el del oyente, no el suyo propio. Cada empresa crea su jerga y —aún peor— la evolución de los ordenadores está dando como resultado un creciente empleo de siglas y códigos. Todas las empresas tienen productos y proyectos denominados 664F y MIPS (cuando no se llaman F466 o SPIM). Es probable que dentro de la compañía, la mayor parte de la gente, aunque no todo el mundo, sepa qué es eso de 664F y MIPS; para los de fuera, es un completo galimatías. Sin embargo, he asistido a más reuniones de las que podría calcular en las que la gente habla de sus 664F y MIPS sin darse cuenta de que muchos de los presentes no tenían ni idea de lo que se estaba hablando.

Así pues, no utilice jergas, códigos ni siglas si no tiene la *certeza* de que todos los presentes saben de qué diablos está usted hablando.

4. Nunca olvide que las personas no son más que seres humanos

Muchas, por no decir la mayoría de las cosas que se dicen en el trabajo provocan algún tipo de reacción emocional. Como mínimo, la reacción puede ser: «Vaya, esto significa más trabajo»; como máximo, pueden provocar miedo, rabia y resentimiento, en unos casos, o entusiasmo, esperanza y alegría, en otros.

En ocasiones —como en todas las relaciones humanas— usted dice algo que para usted es trivial y cotidiano, pero que produce una reacción emocional inexplicable e injustificada. La vida laboral está llena de esos pequeños traumas y es poco aconsejable preocuparse demasiado al respecto, pero recuerde lo siguiente:

a) Cuando la gente está emocionalmente preocupada, no oye ni recuerda exactamente lo que se le ha dicho. Esto suele suceder en casos de despido y, casi siempre, comporta consecuencias desagradables.

b) Si el número de estos incidentes aumenta, esto indica un deterioro, bien de su propia actuación (si ocurre con mucha gente), o bien de la de la persona implicada (si sucede con una sola). En el primer caso, debe prestar mucha atención en este capítulo al perfeccionamiento de su poder de comunicación; en el segundo, dirija la atención de su colega hacia el problema y —esto requerirá mucho tacto y cuidado— sugiera algunas formas de resolverlo.

5. Controle su lenguaje corporal

La comunicación no verbal y el lenguaje corporal han sido, en los últimos años, temas de moda en la prensa popular. Es una lástima que los artículos más sensacionalistas no sean ciertos. Qué fácil sería la vida si pudiéramos comprar pequeños diccionarios de lenguaje corporal que nos dijeran lo que en realidad piensan y sienten los demás en el fondo de su subconsciente. Por desgracia, el lenguaje corporal y la comunicación no verbal, no son tan emocionantes ni espectaculares, lo cual no significa que carezcan de importancia. El profesor Michael Argyle, uno de los primeros investigadores en este campo dice:

> Las relaciones humanas se establecen, desarrollan y mantienen principalmente mediante señales no verbales aunque, por supuesto, también se emplean las palabras... Sólo captamos, en parte las señales no verbales de los demás, y apenas somos conscientes de aquellas que emitimos nosotros mismos. Estas señales no verbales constituyen un lenguaje silencioso que, aunque pueden ser el aspecto más importante de un encuentro, funcionan en gran parte fuera del ámbito de una atención constante.

Los experimentos de Argyle le han llevado a la conclusión de que las señales no verbales tienen aproximadamente un efecto cuatro veces y media superior al de las verbales; por su parte, un importante investigador californiano, Albert Mehrabian, indica que las expresiones faciales del orador tienen un poder casi ocho veces superior al de las palabras utilizadas.

Pero cualquiera que sea la cifra, no hay duda de que las señales no verbales desempeñan un papel fundamental en la comunicación persuasiva. A lo largo de una conversación, intercambiamos miradas con nuestro interlocutor una tercera parte del tiempo. El hacerlo menos o el apartar descaradamente la mirada es síntoma de aburrimiento o falta de interés; mirar de forma fija y continuada casi siempre produce desasosiego; pero si se mira a la otra persona un poco más frecuentemente de lo normal, se transmite entusiasmo y simpatía, lo cual es una base positiva para la comunicación persuasiva.

Otras reglas importantes del lenguaje corporal son las siguientes:

— Inclínese siempre hacia adelante en la silla, en lugar de repantigarse: inclinarse hacia adelante indica interés y entusiasmo (observe a los mejores entrevistadores de la televisión).

— Asegúrese de que sus mensajes verbales y no verbales no entren en conflicto: si hace una afirmación hostil con un tono de voz amistoso y una sonrisa, su interlocutor descartará la hostilidad y recibirá un mensaje amistoso. (El profesor Argyle y cuatro de sus colegas demostraron esto científicamente en 1970. [1])

— Usted puede comunicar rabia o irritación sin decir una palabra,

[1] M. Argyle, V. Satter, H. Nicholson, M. Williams y P. Burgess, «The Communication of Inferior and Superior Attitudes by Verbal and Non-Verbal Signals», *British Journal of Social and Clinical Psychology*, págs. 222-231, 1970.

apretando el puño, golpeando contenidamente la mesa o tamborileando los dedos.

— No se tape la boca mientras habla: como hemos mencionado anteriormente, revela inseguridad sobre lo que se dice e incluso sugiere que se está mintiendo. (La psique de nuestro subconsciente suele ser mucho más honrada que nosotros mismos.)

— Preste mucha atención al lenguaje corporal de los demás: cuando uno se frota la nariz, normalmente significa que está desconcertado; cuando se encoge de hombros, que está indiferente; cuando se abraza a sí mismo, que se siente amenazado.

Controlar el lenguaje de su propio cuerpo y observar el de otras personas le hará, en principio, hiperconsciente de cualquier pequeño movimiento. Esto no durará mucho y, pronto, como cualquier comunicador hábil, utilizará intuitivamente las señales no verbales a modo de ayuda para transmitir su punto de vista de forma persuasiva.

6. Sea un buen oyente

Empezamos este capítulo haciendo hincapié en la importancia que tiene el captar siempre la atención del interlocutor. Ahora vamos a invertir el mensaje indicando que la comunicación es un proceso bidireccional.

Una mala costumbre, muy frecuente, es empezar a pensar en lo que se va a decir mucho antes de que nuestro interlocutor haya finalizado. Esto es descortesía además de falta de atención, puesto que una vez que usted ha determinado lo que pretende decir, hay muchas posibilidades de que interrumpa bruscamente a la otra persona para decirlo. El antiguo dicho de «No hables mientras te interrumpo» señala claramente esta costumbre. Costumbre que debe desecharse.

Además, como todo el mundo sabe, oír no es escuchar. Escuchar no es una actividad pasiva. Aprenda a escuchar mejor siguiendo estas siete reglas, basadas en las investigaciones del psicólogo norteamericano Robert C. Beck [1]:

1. *Muestre empatía.* Póngase en el lugar de la otra persona, tanto intelectual como emocionalmente.
2. *Esté atento.* Esfuércese en concentrarse; no deje que su mente vague.

---

[1] Robert C. Beck, *Applying Psychology: Understanding People,* Prentice-Hall, Nueva Jersey, 1982.

3. *Sea paciente.* Acepte el hecho de que el otro puede que se exprese peor que usted, y no se precipite en sacar conclusiones.
4. *No se pase de listo.* El hecho de tratar con alguien que parece saberlo todo hace que la gente se calle como un muerto por temor a parecer tontos.
5. *Pida explicaciones.* No deje nunca de pedir explicaciones sobre puntos o palabras que no haya comprendido totalmente; siempre es mejor preguntar que entender mal las cosas.
6. *Haga preguntas abiertas.* Preguntas abiertas, como «¿Podría decirme algo más al respecto?, son aquellas a las que no se puede responder con un simple sí o no y no ofrecen ninguna pista respecto a lo que desea oír la persona que pregunta.
7. *Reconozca que tiene problemas.* El hecho de admitir sus propios problemas y dificultades animará a los demás a ser abiertos y francos en cuanto a los de ellos.

Si puede aumentar la eficiencia de su propia comunicación personal cara a cara, entonces, el dominio del arte de la escritura y otras formas de comunicación le resultará comparativamente más sencillo. Esto no es sorprendente puesto que las relaciones personales son inherentes a nuestra naturaleza y existían mucho antes de que soñáramos con memorandos y télex.

Recuerde que, al igual que un mal trabajador echa la culpa a sus herramientas, un mal ejecutivo culpa a todo el mundo cuando no se le entiende.

> CONSEJO: Más vale que pierda (aparentemente) unos minutos al principio para asegurarse de que le han entendido, que perder unos cuantos días cuando quede patente que no ha sido así.

El télefono

Los estudios han demostrado que un 90 % de los ejecutivos, por término medio, dedican más de una hora diaria al teléfono, y un 40 %, dos o más horas. Por tanto, no resulta sorprendente que el teléfono sea una de las principales fuentes de ineficacia en la vida empresarial.

Existen tres clases de ineficacia telefónica:

— hacer llamadas de forma ineficaz;

— recibir llamadas de forma ineficaz;
— comunicarse de forma ineficaz.

Examinenos cada una de ellas.

HACER LLAMADAS DE FORMA INEFICAZ

De las tres clases de ineficacia telefónica, ésta es la menos importante; significa hacer llamadas sin suficiente preparación o en un mal momento o no conseguir comunicar.

Antes de hacer una llamada en la que se vaya a hablar de más de uno o dos temas, prepare una lista de los puntos que desee tratar y puntéelos a medida que los vaya tratando. Si no lo hace, puede apostarse lo que quiera a que, nada más colgar, recordará algo que había olvidado, y tendrá que llamar de nuevo.

De igual manera, antes de hacer cualquier llamada —especialmente si es internacional— piense si es el momento adecuado. Es probable que telefonear justo antes de la comida o de la hora del cierre de la empresa no sea el momento ideal, a no ser que quiera que la conversación termine rápidamente (como frecuentemente se desea).

Antes de hacer una llamada internacional, compruebe la diferencia horaria. Si se pudieran juntar todas las llamadas internacionales desperdiciadas a diario, probablemente su coste sería superior al del producto nacional bruto de Nueva Zelanda, sin incluir el coste de las horas/empleado desperdiciadas en hacer dichas llamadas. Incluso los hombres de negocios internacionales más experimentados lo hacen a todas horas; no es necesario que usted les imite.

Muchos teléfonos modernos tienen programas que automáticamente le ponen en contacto con la persona que estaba ausente cuando usted llamó, tan pronto como ésta vuelve. Sin embargo, el hecho de no poder comunicar con las personas que están permanentemente «fuera» cuando se las llama es un desafío que, en particular si es usted vendedor, debe superar. Sería estupendo poder decir que la honradez es siempre la mejor política y, a veces, lo es, pero, con frecuencia, no. Por lo tanto, presentamos aquí algunos trucos que suelen dar resultado:

1. Pregunte por la persona usando su nombre o apodo; si le preguntan el motivo de su llamada, responda que es personal. (Cuando era joven y no tan conocido, el hoy en día famoso presidente de una de las primeras agencias publicitarias británicas dio órdenes a su secretaria de que evitase a las secretarias de los clientes potenciales importantes haciéndose pasar por la

amante del cliente. En el momento en que conseguía que éste se pusiera, se lo pasaba a su jefe. ¡Lo que no está claro es cómo funcionaba esta treta cuando los clientes eran mujeres!)

2. Eluda a las secretarias que tamizan las llamadas, haciéndolas antes o después de las horas normales de oficina; los ejecutivos atareados normalmente llegan pronto y se quedan hasta tarde.
3. Llame primero al despacho del presidente. Entonces le pasarán con el departamento adecuado, pues hay una nada sorprendente tendencia a que las llamadas encarriladas desde el despacho del presidente lleguen a donde haga falta.

> CONSEJO: Reagrupe todas las llamadas que tenga que hacer, reserve todos los días el tiempo necesario para hacerlas, anótelo en su agenda y no permita que se le distraiga. De lo contrario, hacer llamadas puede resultar tan problemático e ineficaz como recibirlas.

RECIBIR LLAMADAS DE FORMA INEFICAZ

El repique o pitido de un teléfono es casi irresistible. Casi todos interrumpimos lo que estamos haciendo para levantar el auricular y que cese el ruido. Si usted trabaja en un departamento de ventas o de servicio al cliente, esto es lógicamente lo que debe hacer; en otros casos es posible que no sea lo más conveniente. Muchos ejecutivos se han autoeducado para romper con su telefonoadicción y continuar su trabajo, seguros de que, si la llamada es importante, se repetirá.

Lógicamente, una de las labores principales de una secretaria es interceptar las llamadas y pasar sólo aquellas que sepa que son importantes (¡véase más arriba!). Para que lo haga con eficiencia, debe darle instrucciones detalladas. Durante el día, debe poner en su conocimiento si desea o no atender llamadas y, en caso afirmativo, cuáles son las que quiere atender. Una secretaria inteligente juzgará por sí misma las llamadas que parecen urgentes e importantes, pero sólo podrá hacerlo dentro de las pautas que usted le marque. Además, su trato con las personas que llaman ha de ser siempre ejemplo de tacto y diplomacia. Algunos ejecutivos se jactan de tener secretarias-dragones, que lanzan fuego a los interlocutores inoportunos. Aparte de ser una grosería gratuita, los dragones lanzallamas quedan mal cuando el interlocutor inoportuno resulta ser el presidente de la empresa-cliente más importante de la compañía.

Sin embargo, a veces se acaba por penetrar incluso en el sistema defensivo más sólido, y usted se encontrará hablando con alguien que no le interesa particularmente, o, aún peor, con quien particularmente no quiere. Entonces, es preciso que ponga fin a la conversación rápidamente, pero sin ser grosero. Éstas son tres frases con las que puede terminar bruscamente ese tipo de llamadas:

— «Me temo que eso no me interesa en absoluto y estoy muy ocupado ahora mismo, así que tengo que colgar.»
— «Realmente no sé cómo le han pasado conmigo, pues estoy en una reunión; tengo que colgar.»
— «Estoy a punto de salir de la oficina y se me hace tarde, me temo que debo colgar.»

Las tres funcionan a la perfección, pero no hay duda de que puede inventar cualquier excusa educada que se adapte mejor a su estilo personal y resulte igualmente eficaz, sin llegar a ser ofensiva.

> CONSEJO: Su secretaria nunca debe decir que usted puede ponerse sin haberlo consultado antes con usted. Ha de decir invariablemente: «No estoy segura de que esté en la oficina; voy a ver.» Cualquier otra línea de acción hace que las personas que llaman se sientan inevitablemente ofendidas sin ninguna necesidad.

COMUNICARSE DE FORMA INEFICAZ

Hay dos formas en que las llamadas necesarias pueden adolecer de ineficacia:

a) cuando las personas que llaman no saben comunicarse,
b) cuando las llamadas se alargan demasiado.

La mayoría de las reglas para lograr una comunicación persuasiva son las mismas en las conversaciones telefónicas que en las conversaciones en persona, con tres puntos más, todos ellos derivados de que las conversaciones telefónicas necesariamente excluyen el lenguaje corporal no verbal:

1. *Evite los juicios instantáneos.* Un grupo de personas sorprendentemente elevado siente recelo y disgusto hacia el uso del teléfono; como resultado, adoptan por teléfono unas maneras que suelen ser afectadas e inadecuadas. No suponga automática-

mente, que porque la persona que hay al otro lado del hilo parezca dubitativa o torpe, que le falta entusiasmo o es hostil.

2. *«Sonría» mientras habla.* Esto ayudará a superar el nerviosismo al otro lado del teléfono y hará que su voz suene amistosa, convincente y confiada.
3. *Hable con dinamismo.* Evite pausas largas, pues harían que su voz sonase tímida y poco entusiasta; si la conversación se prolonga, levántese y gesticule como si la otra persona se encontrara con usted en la habitación. Esto se reflejará en su voz.

Y hablando de conversaciones en las que se divaga indefinidamente, llegamos al segundo tipo de gestión ineficaz de las llamadas. Aunque haya preparado con sumo cuidado una lista de temas y decidido exactamente lo que va a decir, hay bastantes probabilidades de que la otra persona se tome su tiempo y charle interminablemente: a veces los teléfonos tienen ese efecto sobre la gente. (Es, sin duda, otra consecuencia de la falta de comunicación no verbal: no pueden ver lo harto que usted está.)

¿Ha observado, por ejemplo, que, cuando se habla por conferencia, lo primero que se pregunta es por el tiempo? Invariablemente, usted presenta un informe al respecto y, a cambio, pregunta lo mismo. Puesto que ninguno de los dos va a visitar al otro, ¿qué más da cómo esté el tiempo? A veces, esas conversaciones, aparentemente insustanciales, tienen como propósito allanar el camino hacia el verdadero objeto de la llamada. Si es así, pase, pero no es necesario alargarlas tanto («¿De verdad la lluvia es tan fuerte...?»).

Si pretende alcanzar la supereficiencia, terminará las conversaciones telefónicas con la mayor rapidez posible. Sin embargo, si se encuentra con verdaderos problemas para cortar por lo sano:

a) diga que su secretaria le acaba de comunicar que tiene una conferencia urgente de Tokio;
b) golpee con fuerza en la mesa y diga que ha de colgar porque llaman a la puerta;
c) diga a su interlocutor que la conexión es mala, que ya no puede oír lo que le dice, después cuelgue en medio de una de sus propias frases; nadie imaginará nunca que ha sido usted quien ha cortado.

De manera alternativa, si sabe que la persona es charlatana cuando habla por teléfono, llame a la hora de la comida o cuando sepa que no va a estar y deje el recado.

Además de las reglas anteriores relativas a la eficacia por teléfono, presentamos algunas directrices que le ayudarán a controlar el maravilloso invento de Alexander Graham Bell, en lugar de que éste le controle a usted:

— *Tenga un equipo moderno.* Si su organización no ha instalado el equipo más moderno que existe, presione hasta el máximo para que así sea e incite igualmente a sus colegas para que hagan lo mismo. Los aparatos modernos, con marcado precodificado, transmisión de llamadas y llamadas automáticas, hacen que la vida junto al teléfono sea infinitamente más llevadera.

— *Anote correctamente los números de teléfono.* Pida siempre a quienes llamen —y diga a su secretaria que así lo haga— que repitan dos veces su teléfono por si tiene que comunicarse otra vez con ellos. Me resulta muy molesto recordar la cantidad de veces que he devuelto llamadas a números equivocados o inexistentes.

— *Lleve un registro.* Tome nota siempre y de inmediato de cualquier cosa importante que le hayan dicho por teléfono. A mucha gente le resulta más difícil recordar las conversaciones telefónicas que las personales y hay muchas probabilidades de que los detalles no anotados se olviden.

— *Tenga cuidado con los bebedores.* Recuerde que es muy posible (en particular, si llama inmediatamente después de la comida) que la persona que está al otro extremo de la línea haya bebido. Si ésta se encontrara con usted en el despacho, probablemente vería los efectos, pero por teléfono no puede. Éste es un problema más frecuente, y más grave, de lo que se supone. Si sospecha que es así:

  a) sin ofender, intente averiguar la verdad; hacer preguntas graciosas suele servir de ayuda;

  b) anote con especial atención cualquier cosa importante que digan los dos: es muy probable que un bebedor olvide tanto lo que ha oído como lo que ha dicho.

— *Lleve un libro de llamadas.* Si, debido a su trabajo, utiliza mucho el teléfono, considere la posibilidad de llevar un libro registro de llamadas. La parte superior de la hoja tendrá los siguientes encabezamientos:

Fecha
Hora
Nombre
Número

Temas a tratar/Temas tratados
Medidas necesarias.

Teniendo siempre a mano este libro, es casi imposible utilizar el teléfono de forma ineficaz. Por el contrario, en comparación con la gran mayoría de «torpes telefónicos», usted habrá logrado de nuevo la supereficiencia.

El télex

Los que trabajan para empresas nacionales, raras veces se percatan del punto hasta el cual las máquinas de télex impregnan la vida de los ejecutivos que trabajan en multinacionales. Muchos directivos que trabajan para compañías americanas hablan con desesperación de la «gestión por télex», porque todos los días empiezan a afluir mensajes de télex poco después de las 2 de la tarde, cuando abre la oficina central americana (allí son las 9 de la mañana). Luego, los télex continúan a lo largo de la tarde, frecuentemente pidiendo respuestas instantáneas, casi con tanta impertinencia como las llamadas telefónicas.

Si pertenece a una compañía de este tipo, sabrá desde hace tiempo que es esencial trabajar con una concentración continua por las mañanas. Si está considerando la idea de entrar a trabajar en una empresa así, es aconsejable averiguar de antemano si el estilo de la compañía es el de «gestión por télex». En caso afirmativo, tendrá que decidir si puede soportarlo o no.

Correctamente utilizadas, las máquinas de télex son de una gran ayuda para alcanzar la eficiencia, casi tan rápidas como el teléfono, con la ventaja de que facilitan un registro por escrito. Sin embargo, no deben emplearse como sustituto del teléfono —aunque muchos directores lo hacen con frecuencia— cuando hay que enviar mensajes desagradables. Los ejecutivos que carecen de valor para comunicar noticias desagradables, cara a cara o por teléfono, suelen ampararse en el télex. Lo utilizan para transmitir mensajes que nunca se atreverían a expresar en persona. No actúe así: es una comunicación mediocre e ineficaz. El télex es un pésimo sistema para comunicar sentimientos, emociones y sutilezas.

Éstos son los puntos negativos referentes al uso del télex. Veamos ahora los positivos:

— Utilice el télex para confirmar inmediatamente cualquier conversación telefónica durante la cual se hayan comentado gran cantidad de datos.

— Utilice el télex para confirmar inmediatamente cualquier conversación telefónica que, por su entidad, pueda tener consecuencias de tipo legal.
— Utilice el télex para pedir una información complicada.
— Utilice el télex para avisar por anticipado de futuras peticiones de datos, planes de viajes, etc.
— Utilice el télex cuando la otra oficina esté cerrada debido a un cambio de horario o a una festividad local (en particular si su propia oficina va a estar cerrada cuando ellos abran).

Ante todo, recuerde que, aunque el télex es prácticamente instantáneo, no es un teléfono; y, aunque se emplea papel, no es una carta. La mayoría de los mensajes por télex los transmiten operadores de télex, lo cual hace que no se pueda pasar información confidencial. El medio influye en el mensaje y los télex parecen, y son, bruscos y públicos.

La comunicación escrita

A pesar de que la escritura es algo que aprendimos en el colegio y que la mayoría de nosotros venimos practicando desde hace muchos años, es asombroso lo inseguros que nos sentimos de nuestra capacidad de escribir. Sorprende verdaderamente que tantos ejecutivos inteligentes y cultos escriban tan mal.

Y sorprende porque, si bien es difícil escribir como un gran literato, resulta bastante sencillo aprender a escribir documentos empresariales con claridad y eficacia. No es necesario tener una habilidad verbal deslumbrante: sólo es preciso dominar y seguir cuatro normas básicas, algunas de las cuales ya se han indicado al comienzo de este capítulo.

PIENSE ANTES DE ESCRIBIR

Antes de anotar cualquier cosa, piense atentamente en todo lo que quiere decir. No sólo en las primeras frases o párrafos, sino en el mensaje completo. Muchos informes, cartas y comunicados empresariales resultan complicados y confusos porque sus autores intentaron pensarlos y escribirlos al mismo tiempo.

Si el hecho de escribir le ayuda a pensar y a aclarar sus ideas —cosa que casi siempre sucede— es esencial dedicar este esfuerzo inicial a la elaboración de un borrador y revisarlo con tranquilidad, de arriba abajo.

> CONSEJO: Ahorrará mucho tiempo y esfuerzo si, en lugar de escribir un borrador completo, anota los puntos principales que desea comunicar, en un orden lógico, antes de empezar.

¿A QUIÉN ESCRIBE?

¿Se dirige a una o varias personas? ¿Desconocen totalmente el tema y necesitan que se les ponga en antecedentes? ¿Esperan o piden que el documento se ajuste a un formato particular? ¿Cómo quiere que reaccionen (cf. «Prevea las reacciones», página 25)? Si usted pide acción, ¿están totalmente claros el quién, qué y cuándo de lo que debe llevarse a cabo? Si para algunas personas el documento es simplemente «informativo», ¿ha quedado esto patente? Si la alta dirección va a recibir copias, ¿ha dicho usted algo que vaya a causar problemas? (En caso afirmativo, asegúrese de que lo ha hecho consciente y deliberadamente: todos los días, en todas las empresas del mundo, estallan grandes broncas cuando, accidentalmente, el documento de un ejecutivo lanza a la ciénaga a otro ejecutivo y —sorpresa, tal y como suena, sorpresa— el ejecutivo encenagado se niega a creer que fuera por accidente.) Así pues, mientras piensa atentamente en lo que va a decir, piense con la misma atención a quién se lo está diciendo.

NADIE QUIERE LEER SUS DOCUMENTOS

Al contrario que las novelas y revistas, nadie lee los documentos comerciales por diversión. Pocas cosas frustran más la vida de un ejecutivo que el aterrizaje en su bandeja de una carta de siete hojas o de un informe kilométrico. En realidad, sólo una minoría se preocupa de leer diligentemente los documentos que recibe, tal y como indica el cuadro siguiente [1]:

Cómo leen los informes los directores

Resumen	100 % de las veces
Introducción	68 % de las veces
Cuerpo principal	22 % de las veces
Conclusiones	55 % de las veces
Apéndice	15 % de las veces

[1] Estudio realizado por Westinghouse Electric Corporation, en Roy V. Hughson, *Effective Communications for Engineers*, McGraw-Hill, Nueva York, 1974.

Así pues, haga documentos cortos, no divague, vaya rápido al grano; no intente ser ingenioso o gracioso; si escribiera con ingenio o con gracia probablemente se ganaría la vida en alguna revista cómica. Tenga siempre claro el objetivo u objetivos de la comunicación. No sea pesado ni pomposo, no se repita y no tenga nunca pereza para volver a escribir algo que usted, en el fondo, sabe que podría mejorar.

George Orwell, autor de *1984* y de *Rebelión en la granja,* escribía en una prosa excepcionalmente sencilla y agradable. He aquí cuatro de sus principios estilísticos personales (de *Politics and the English Language,* 1946), que son de especial importancia en los documentos empresariales:

— Nunca emplees una palabra larga donde puedas emplear una corta.
— Si te es posible suprimir una palabra, suprímela siempre.
— Nunca utilices una expresión extranjera, un término científico o una jerga particular si hay un equivalente en el lenguaje cotidiano.
— Nunca utilices la voz pasiva donde puedas utilizar la activa.

Naturalmente, una sintaxis precisa, una puntuación adecuada y una ortografía correcta son esenciales para cualquier forma de comunicación escrita. Pero este libro no tiene como objetivo ayudarle a aprobar un examen. Si escribe con frases cortas y claras y sigue los principios de George Orwell, no es probable que se vea enredado en construcciones gramaticales erróneas y complejas.

PREVEA LAS REACCIONES

Ya hemos comentado («¿A quién escribe?», página 24) un tipo de reacción involuntariamente provocada, pero todo documento en el que se hagan manifestaciones positivas puede provocar un revoltijo de variadas repercusiones. Un autor astuto intentará identificarlas de antemano. «Nunca hubiera imaginado que te lo tomarías así», una de las frases que con más frecuencia se oyen en la mayoría de las oficinas, no es tanto una excusa como un reconocimiento de ineptitud.

La manera más rápida de evaluar este tipo de reacciones de cara a la comunicación —y recuerde que, al recibirse su misiva, usted no estará presente para explicar «lo que yo quería decir exactamente con esto era...»— es hacerse estas seis preguntas y aplicarlas individualmente a cada uno de los receptores:

— ¿Creerán lo que digo?
Si no, ¿cómo lo cuestionarán?

— ¿Estarán de acuerdo con lo que digo?
  Si no, ¿de qué forma se opondrán?
— ¿Tendrán miedo de lo que digo?
  Si es así, ¿qué efecto tendrá sobre ellos?

Si conoce las respuestas a estos tres pares de preguntas con un grado razonable de seguridad, puede mandar volando su documento.

Finalmente, saque partido del hecho de que, en todos los trabajos, un buen número de cartas y consultas se repiten de forma periódica. Dedique un cierto tiempo a redactar respuestas estándar que su secretaria, o el departamento de tratamiento de textos, pueden utilizar como usted indique. Sin embargo, es importante prestar atención a la creación y redacción de dichas cartas multiuso; pocas cosas resultan más exasperantes, más insustanciales y dan peor imagen del remitente que unas respuestas estereotipadas que no respondan, de hecho, a las preguntas que se han planteado.

El dictado

Un reciente estudio americano indicaba que cuatro de cada diez ejecutivos americanos siguen escribiendo a mano los borradores de sus cartas, a pesar de que su rendimiento se incrementaría en más de un 400 % si se las dictaran a su secretaria o a un dictáfono. Por otra parte, un lector observador generalmente reconoce cuándo se ha dictado una carta, ya que los documentos dictados no suelen ser tan concisos y claros como los manuscritos.

A efectos de asegurar la claridad y concisión de cualquier documento largo que dicte, es importante:

1. preparar un esquema de lo que pretende decir, antes de empezar (como con los documentos escritos, pero más esencial todavía);
2. decirle a su secretaria (o dictarlo a la máquina) de qué trata más o menos el documento, igualmente antes de empezar, para que ella pueda seguir el hilo;
3. hacer una pequeña pausa antes de cada frase, para que en su mente quede totalmente claro lo que va a decir antes de expresarlo;
4. disciplinarse para hablar más sucintamente y ser menos repetitivo de lo que probablemente es en una conversación normal.

No tema nunca preguntarle a su secretaria si lo que dicta tiene sentido y está totalmente claro, o pedirle que piense la palabra exacta cuando su mente se quede en blanco. Su aureola de poder y sabiduría no se verá reducida; y si así fuera, es que su secretaria es fatal y más vale que se busque otra.

Al dictar a una secretaria, o a un dictáfono, debe hablar despacio, pero no en plan fúnebre. Haga hincapié en las consonantes que puedan prestarse a errores, como «b», «c» y «g». Deletree los nombres propios y las palabras difíciles. Indique de antemano si va a dictar la puntuación.

Si tiene cualquier duda respecto a si el dictado de un documento ha sido perfecto, pida que se lo pasen rápidamente a máquina, a doble espacio y con mucho sitio para las correcciones. La regla que se aplica a los documentos escritos, se aplica aún con mayor rigor a los documentos dictados: no sienta pereza de corregir un documento que, en el fondo, sabe que se puede mejorar.

Si sigue estas sencillas normas, se verá recompensado con unos documentos dictados tan concretos y concisos como los escritos —ni siquiera el más agudo observador podrá distinguirlos— y su producción «escrita» mejorará supereficientemente.

Las reuniones

Se calcula que en el mundo se celebran unos 50 millones de reuniones diarias y en ninguno de los aspectos de la vida empresarial son tan importantes como en éste las seis reglas de la comunicación persuasiva. Cualquier empresa grande está plagada de comités y reuniones, muchos de los cuales son una prodigiosa pérdida de tiempo y tremendamente ineficaces. Como dice Thomas L. Martin, decano de la Universidad Metodista del Sur: «De todas las posibles reacciones de un comité ante cualquier punto del orden del día, se producirá aquella que permita perder más el tiempo y los nervios.»

Para dirigir y manejar las reuniones con supereficiencia es necesario en primer lugar aclarar algunos conceptos erróneos ampliamente extendidos con respecto a sus objetivos y funciones.

La mayoría de la gente cree, llena de optimismo, que las reuniones se convocan para tomar decisiones. Raras veces es así. El sociólogo A. A. Harrison ha confeccionado la lista siguiente con los cinco objetivos de las reuniones [1]:

— La combinación de habilidades y recursos.
— La división del trabajo.

[1] A. A. Harrison, *Individuals and Groups*, Brooks/Cole, California, 1976.

— Los miembros del grupo pueden estimularse mutuamente.
— Los miembros pueden mostrarse más considerados con los problemas de los demás.
— Los miembros pueden alentarse y apoyarse mutuamente.

Harrison añadió después cuatro desventajas con las que, sin duda, los asistentes a reuniones están harto familiarizados:

— Frecuentemente hay conflictos entre los miembros.
— Las normas sociales y la conformidad destruyen las ideas nuevas.
— La gente se siente reacia a hablar porque temen evaluaciones negativas por parte de los demás.
— La gente reunida en grupo o discute o se divierte: de cualquier manera, dedican menos tiempo a la tarea que tienen entre manos que las personas que trabajan por separado.

O, como escribió el profesor de Harvard Peter F. Drucker, aunque exagerando un poco la cosa, en su obra clásica *The Effective Executive* [1]: «O te reúnes o trabajas. No se pueden hacer las dos cosas a la vez.»

Teniendo en cuenta estos factores, vamos a considerar la forma de sacar el mejor partido de las reuniones.

Defina sus objetivos. Antes de asistir a una reunión, decida lo que quiere conseguir de ella. Según las investigaciones, el promedio de asistencia a las reuniones es de ocho personas, cada una de las cuales se encuentra allí por razones particulares: asegúrese de saber cuáles son las suyas propias.

Revise de antemano las cuestiones de orden práctico. Lea el orden del día y los documentos de base, si los hay. Consiga información adicional —preferentemente desconocida para los demás— sobre cualquier punto en el que usted desee participar. Asegúrese de que está preparado para cualquier intervención individual que desee hacer. Compruebe la hora y el lugar de la reunión. (Es frecuente que, en alguna ocasión, los asistentes a reuniones se hayan encontrado en un lugar equivocado a la hora exacta o en el lugar exacto a una hora equivocada.)

Analice al resto de los participantes. Por muy difícil que esto pueda resultar a veces, no tiene sentido asistir a una reunión sin haber hecho verdaderos esfuerzos por descubrir quiénes van a ser los asistentes.

---

[1] Peter F. Drucker, *The Effective Executive*, William Heinemann, Londres, 1967. (Hay traducción: *El ejecutivo eficaz*, Editorial Sudamericana, Buenos Aires.)

Cuando lo sepa, valdrá la pena hacer aún mayores esfuerzos por descubrir sus puntos de vista y predisposición sobre aquellos temas en los que usted está interesado.

Aprenda a manejar las reuniones. Para poder manejar las reuniones con verdadera eficiencia, debe dominar totalmente los siete principios relativos al comportamiento en las mismas. En orden alfabético, son los siguientes:

— *Agresividad.* Todo el mundo admira a la gente agresiva en las reuniones, aunque a pocos les gusta. Los estudios realizados demuestran que la agresividad en las reuniones es sorprendentemente infrecuente. Menos del 1 % de todas las manifestaciones «indican antagonismo». Ésta es la razón por la cual, hábilmente utilizada, resulta tan eficaz. El tono de voz y un empleo sutil del lenguaje corporal normalmente suelen ser suficientes: cuando usted parece furioso, la gente cree que está furioso.

— *Conciliación.* El gran psicólogo Konrad Lorenz ha demostrado que los animales agresivos pueden llegar a calmarse con señales de apaciguamiento y actitudes sumisas. De igual manera, en las reuniones, los agresivos pueden quedar fundidos y confundidos ante un comportamiento abiertamente conciliador. Pero no sea meloso. Por el contrario, cuanto más enérgico se muestre en todo momento, más sorprendentes y eficaces serán sus disculpas y su reconocimiento de errores en el momento de formularlos.

— *Enfurruñamiento.* El enfurruñamiento debe racionarse cuidadosamente. Su único objetivo es provocar la lástima y si uno se enfurruña con excesiva frecuencia, pronto le llamarán El Quejica y no le harán caso. Sin embargo, el enfurruñamiento bien aplicado, puede ayudarle a obtener victorias de gran valor explotando derrotas sin ningún valor; sacrifique enfurruñado un punto que para usted es trivial a fin de conseguir la conmiseración suficiente para lograr la victoria en el debate posterior, que es el que a usted le preocupa.

— *Entusiasmo.* En tanto que la agresividad y la conciliación deben utilizarse moderadamente, el entusiasmo es cosa que nunca sobra. Cualquier persona con resistencia suficiente como para permanecer fresca y lozana a lo largo del inagotable caudal de juntas interminables a las que asistimos la mayoría de nosotros podrá, frecuente y merecidamente, «meter un gol» a los otros participantes cuando caigan en estado de coma o, incluso, de sueño profundo.

— *Paciencia.* Contrariamente a la creencia popular, pocas personas que han conseguido triunfar son impacientes, aunque, frecuentemente, pueden emplear la impaciencia como una forma de agresividad disimulada. En las reuniones, la paciencia le permite escuchar las discusiones de los restantes combatientes, saber quién está de parte de quién, preparar su propio argumento, elegir el momento y vencer.

— *Preguntas.* Empleadas con astucia, las preguntas pueden retrasar decisiones («¿No sería mejor esperar a tener todos los datos...?»), provocar discusiones («¿En serio intenta afirmar que...?») y, sobre todo, utilizarse a modo de manifestaciones camufladas que posiblemente no podrían plantearse como aseveraciones («Supongo que no hay ninguna posibilidad de que alguien de su equipo se esté llevando una comisión por ese asunto, ¿verdad?» o «¿No fue Davidson-Clarke a quien pillaron con su secretaria dentro del armario de impresos?»). Las preguntas de doble filo pueden ser mortales.

— *Retirada.* No necesita estar doctorado en ciencias empresariales para saber que, matemáticamente hablando, usted puede retirarse sólo una vez de cada reunión; y, sensatamente, sólo una vez cada varios meses, como mucho. Esta actitud comporta grandes riesgos pues, si la reunión se pone contra usted cuando salga de ella, se acabó. No obstante, las retiradas bien calculadas y orquestadas —como bien saben los políticos y los sindicalistas— pueden provocar el caos y la confusión absolutos (permitiendo a aquellos que han huido, vivir para luchar con éxito otro día, lo que, por supuesto, era su objetivo).

Desplegando las habilidades anteriormente mencionadas en las reuniones y comités, comprobará que puede hacer que se llegue a las conclusiones correctas —a las que usted desea— con asombrosa frecuencia. Así pues, al menos desde su punto de vista, las reuniones ya no serán tan totalmente ineficaces o no resultarán una pérdida de tiempo tan lamentable.

> CONSEJO: Si entra en una reunión sin ningún objetivo personal, es prácticamente seguro que saldrá sin ningún éxito personal.

Las presentaciones

No hay estadísticas al respecto, pero a casi todos los ejecutivos se les pide que hagan presentaciones de vez en cuando. En tales ocasiones, son el blanco de las miradas, y si lo hacen bien, se hacen mucho bien. (Naturalmente, lo contrario también es cierto.)

La regla de oro esencial con respecto a las presentaciones —y discursos (véase después)— consiste en una sola palabra: ensayar. Ya sea por indolencia, vanidad, o vergüenza, muchos ejecutivos intentan arreglárselas sin ensayar las presentaciones. Normalmente, éstas acaban en una gran chapuza. Aun cuando consiguen defenderse, eso es lo máximo que hacen; en realidad ensayando les habría salido mejor. Esto no es una insinuación ni un consejo; es un mandamiento inviolable. Si Brando, Guinness y Streep necesitan ensayar, usted también.

Pero incluso sin ensayar, debe conseguir que su presentación dé resultado. Éstas son las reglas para preparar buenas presentaciones:

Prepare sus medios visuales. Procure que sean sencillos: utilice siempre el mínimo de palabras y/o cifras; asegúrese de que sean legibles para todo el mundo; haga que parezcan profesionales, pero no caros; asegúrese de que su orden y posición sean los correctos. (La Ley de Kodak dice claramente que si las diapositivas pueden estar al revés, estarán al revés.)

Si la presentación no es en su empresa, llegue siempre antes y compruebe el equipo, la sala y la disposición de los asientos.

Prepárese usted mismo. Vístase de manera impecable, de forma que pueda ocupar intrépidamente el centro del escenario sin avergonzarse de que se le vea. Hable con confianza; la incertidumbre puede resultar encantadora y sugestiva, pero no (o muy raramente) en las presentaciones. Permanezca de pie, mejor que sentado. Sin llegar a ser pomposo o torpe, intente controlar sus facultades no verbales —sus expresiones, sus gestos, su porte—. No se quede mirando fijamente a las ayudas visuales: diríjase al grupo.

Prepare la presentación. Las importantes conclusiones que ofrecemos a continuación proceden de un estudio del psicólogo W. J. McGuire [1]:

1. Empiece explicando brevemente lo que va a decir y por qué.
2. Cree la expectativa de que va a resolver los problemas del auditorio y/o a satisfacer sus necesidades.
3. Presente los argumentos positivos en términos que sean adecuados para el auditorio.
4. Plantee y rechace las objeciones obvias.

---

[1] W. J. McGuire, «The Nature of Attitudes and Attitude Change», en *Handbook of Social Psychology* (ed. G. Lindzey y E. Aronson), Addison-Wesley, Masachusetts, 1969.

5. Demuestre un interés continuo al auditorio, observe sus reacciones. Explique aquellos puntos que no se hayan comprendido bien.
6. Hable alto y claro, pero nunca dé imagen de superioridad.
7. Domine su inquietud; si no su mensaje se verá alterado.
8. Acepte los comentarios (e incluso las críticas) seria y comprensivamente; si no, perderá el apoyo incluso de sus partidarios.
9. Evite enfrentamientos.
10. Al final, saque conclusiones explícitas, especialmente conclusiones que induzcan a hacer algo.

En muchas empresas, las presentaciones se están convirtiendo actualmente en un arte por derecho propio, con niveles que cada vez se espera sean más altos; por lo tanto, antes de terminar vamos a repetir una vez más y sin excusas: ensayar, ensayar, ensayar.

> CONSEJO: Si prepara sus ayudas visuales en hojas pequeñas —yo siempre corto, en dos una hoja DIN-A4— evitará que sean un amasijo de datos y tendrá que hacerlas sencillas.

Los discursos

Casi todas las reglas que se aplican a las presentaciones, se aplican igualmente a los discursos (¡en particular la del ensayo!). Sin embargo, los discursos son distintos a las presentaciones en dos aspectos clave: no existen medios audiovisuales, por lo que la atención del auditorio se centrará en usted y, debido a que la mayoría de los discursos que se escuchan están pronunciados por semiprofesionales —políticos, actores y gente por el estilo— los criterios comparativos son terriblemente altos. Así pues, lo primero que hay que decir acerca de pronunciar discursos es que, si teme no tener capacidad para ello, no lo haga. Aparte de los políticos, mucha gente llega a la cumbre sin haber pronunciado nunca un discurso.

Sin embargo, quien tiene facilidad para hablar en público, cuenta con un arma de más en el arsenal de la comunicación persuasiva y, si usted goza de un talento natural en este aspecto, vale la pena fomentarlo. Como sucede con la mayor parte de las actividades humanas, cuanta más experiencia, mejores resultados. Para ayudarle en su iniciación, presentamos algunos consejos útiles:

— Decida cuál es el mensaje principal que quiere hacer comprender; no llene el discurso de detalles sin importancia.
— Establezca de antemano la magnitud y composición del auditorio.
— Casi nadie —ni siquiera los grandes oradores— puede hablar con brillantez de forma improvisada; por tanto, tenga a la vista unas notas legibles o un texto escrito; lo mejor son las notas.
— Si utiliza notas, apunte las primeras líneas, para poder empezar, y las últimas, para poder terminar positiva y enérgicamente. Los discursos que acaban en un susurro resultan embarazosos (y contraproducentes).
— Utilice su propia letra o la de una máquina cuyos caracteres sean enormes; la impresión normal de una máquina de escribir es demasiado pequeña para poder leerla con facilidad. Considere la posibilidad de emplear colores variados para que el texto sea más legible.
— Si va a usar notas, pruebe a escribirlas en tarjetas —tamaño media cuartilla— y numérelas claramente, por si se desordenan.
— Ponga en cada tarjeta varios puntos clave —palabras sencillas o frases breves— que hagan las veces de avisos o recordatorios.
— Escriba los tiempos en las tarjetas, de forma que pueda ceñirse a su horario. Asegúrese de tener un reloj a la vista o coloque el suyo de manera que pueda verlo claramente, pues de lo contrario, cabe la posibilidad de que vaya muy deprisa, o muy despacio, y el auditorio se ponga nervioso.
— Tanto si usa notas como si usa un texto, mire al auditorio un 80 % del tiempo, *por lo menos.*
— No mire fijamente de frente: pasee la vista y abarque a todo el mundo, mostrándoles su interés. No suba y baje los brazos, ni los agite mucho, ni tampoco se meta las manos en los bolsillos.
— Piense atentamente en la susceptibilidad del auditorio: por ejemplo, no cuente chistes verdes si hay damas presentes. Aunque a las mujeres no les moleste, algunos hombres pueden sentirse violentos, y eso es contagioso.
— A no ser que esté *seguro* de ser un orador con ingenio, no intente hacerse el gracioso y, sobre todo, no utilice expresiones raras. El público se mostrará comprensivo con una broma al principio (tal vez no muy divertida) y otra al final pero, para la mayoría de los oradores, ésa es toda su ración.

CONSEJO: No se preocupe nunca si está terriblemente nervioso antes de un discurso —casi todos los buenos oradores lo están— y, probablemente, es una reacción natural para actuar lo mejor posible. Algunos sugieren que hacer ejercicios con el cuello y respirar profundamente, inmediatamente antes de salir a escena, sirve de relax y, en la medida en que son una distracción, pueden representar un cierto alivio, pero no hay realmente nada que elimine el nerviosismo. Haga lo que haga, no intente ahogar sus nervios en alcohol; eso sería lo peor.

El arte de vender

Al principio de este capítulo dijimos que la comunicación persuasiva no se limita al arte de vender; pero sí es cierto que éste es la piedra de toque de la comunicación convincente, y la mayor parte de las reglas y consejos anteriormente expuestos encierran la base de una técnica de ventas triunfadora. Tampoco este libro pretende ser un libro de texto para vendedores, pero pocos ejecutivos hay, si es que existe alguno, que no se hayan encontrado alguna vez vendiendo algo. En realidad, dudo que ningún ejecutivo pueda llegar a ser eficiente si le falta la astucia del vendedor nato.

Harry Turner, un fuera de serie en ventas, en su excelente libro *The Gentle Art of Salesmanship* [1], divide a los grandes vendedores en dos tipos: tigres y zorros. Antes de intentar mejorar su habilidad de vendedor debe decidir a qué tipo pertenece usted:

Tigres

Físicamente fuertes
Habladores
A la última moda
Poco detallistas
Poco planificadores
Sociables
Un poco llamativos
Teatrales (buenos oradores de tribuna)
Aficionados a la comida y la bebida
Aficionados al deporte y al ejercicio (para contrarrestar el punto anterior)

Zorros

De hablar tranquilo
Poco impresionantes físicamente, pero vestidos con elegancia
Pensativos, incluso intrigantes
Brillantes en los detalles
Muy planificadores
De memoria retentiva para las cosas minuciosas
Muy eficientes en situaciones *vis-à-vis*
Calladamente fanáticos del éxito
Aficionados a la lectura, amantes de la música

---

[1] Harry Turner, *The Gentle Art of Salesmanship*, Fontana, Londres, 1985.

La importancia de esta clasificación tiene un doble sentido. Demuestra que no existe una fórmula única para triunfar en las ventas e implica que, si usted es uno de estos tipos de vendedor, no necesita ni debe intentar ser el otro.

En realidad, aunque los cínicos acusan a la venta de ser una de las actividades humanas más engañosas, lo cierto es que la gran máxima de Shakespeare, «Sé auténticamente tú mismo», se aplica a la venta con igual fuerza que a todo lo demás. Como dice Harry Turner:

> Los clientes olfatean rápidamente a un farsante. Incluso los clientes tontos. Por lo tanto, sea usted mismo. Adorne la situación con todos los medios a su alcance, reaccione ante circunstancias especiales con un toque de oportunidad, *pero permanezca fiel a su carácter básico.*

Numerosos estudios psicológicos académicos han confirmado el sabio consejo de Turner. Sin embargo, con objeto de adornar sus talentos naturales, presentamos a continuación cinco sencillos principios que le ayudarán a vender helados a los esquimales:

1. *Consiga que la gente diga sí.* Como escribe el profesor H. A. Overstreet en *Influencing Human Behaviour* [1]:

   > No hay nada más difícil de vender que un «no». Cuando alguien ha dicho «no», todo el orgullo de su personalidad le pide que sea consecuente consigo mismo. Posteriormente puede pensar que el «no» ha sido poco acertado; sin embargo, ¡debe tener en cuenta su preciado orgullo! Por lo tanto, es de la máxima importancia llevar a cualquier persona por el camino de la afirmación desde un principio.

2. *No intente salir victorioso de las disputas.* Quien vende, no puede salir victorioso de una disputa: si pierde, pierde, y si gana, pierde.
3. *No evite la charla lisonjera.* Todo el mundo sabe que la adulación no conduce a ninguna parte, pero le puede ayudar a vender muchísimo.
4. *Ni la escucha lisonjera.* Ya hemos visto que escuchar bien ayuda a comunicarse; esto también es adulación. Los vendedores poco experimentados creen que vender es hablar y tener mucha labia; los vendedores expertos saben que es casi lo contrario.
5. *Sonría.* Ésta se ha convertido en una máxima muy manida, cuya simple mención puede hacer que se sienta ofendido, pero cualquier consejo sobre ventas que no haga hincapié en la importancia de la sonrisa, se queda cojo. Cualquier tipo de in-

---

[1] Prof. H. A. Overstreet, *Influencing Human Behaviour,* W. W. Norton & Co., Nueva York.

vestigación psicológica al respecto demuestra que tiene más posibilidades de sacar adelante su caso convincentemente si lo hace con una sonrisa.

CONSEJO: Dale Carnegie dijo: «Recuerda que el nombre de una persona es para ella el sonido más dulce y más importante de su idioma.» Los vendedores que han triunfado nunca lo olvidan.

A estas alturas, usted tiene que ser un maestro de la comunicación persuasiva. Por tanto, es hora de que pasemos a la segunda llave de la supereficiencia: el arte de administrar el tiempo.

CAPÍTULO 2

ADMINISTRAR EL TIEMPO

Llevar un registro horario

Hace algunos años, Ivy Lee, frecuentemente denominado «padre de la consultoría de gestión» dio el siguiente consejo a Charles Schwab, entonces presidente de la poderosa American Bethlehem Steel Corporation:

> Numere las cosas que tenga que hacer mañana, por orden de auténtica importancia. Mañana por la mañana, empiece a trabajar en el número uno y continúe con él hasta terminar. A continuación, pase al número dos y no lo deje hasta haberlo finalizado. Después, el número tres, y así sucesivamente. Si no puede completar todo el programa, no se preocupe. Al menos habrá atendido los asuntos de mayor importancia, sin verse distraído por otros que no tienen tanta.

Lee pidió a Schwab que probara el sistema y le pagara después lo que considerara adecuado. Unas semanas más tarde, Schwab le envió un cheque por 25.000 dólares, una suma considerable en aquel momento, cuyo valor sería al menos diez veces mayor en la actualidad.

El consejo de Lee —establezca el orden de prioridad de sus tareas y después resuélvalas una a una— es la base de la moderna administración del tiempo.

Sin embargo, para el ejecutivo normal de una gran compañía normal, eso suena como un sueño utópico y maravilloso, cuya realidad está a muchos millones de años luz.

Algunos presidentes de empresa pueden cerrar las puertas de sus despachos, protegidas por secretarias y ayudantes personales, y trabajar metódicamente en el cavernoso silencio de sus oficinas mullidamente enmoquetadas. Pero fuera, en el frenético alboroto de la vida diaria de un ejecutivo, un revoltijo interminable de interrupciones y exigencias —muchas de ellas procedentes del propio presidente anteriormente mencionado o de su equivalente y que, por lo tanto, no pueden pasarse por alto— se cuelan en el programa diario, echando por tierra la fría calma del esfuerzo contemplativo. (Debo añadir que, de acuerdo con mi experiencia, exactamente lo mismo se aplica a la mayoría de los presidentes de empresa, pero tal vez Schwab era una excepción.)

El hecho de que la perfección sea inalcanzable no es excusa para tirar la toalla. No es preciso que reinen el caos y la confusión. El hecho de que para la mayoría de nosotros sean desordenados y desorganizados la mayor parte de los días, significa que podrían hacerse grandes mejoras: incluso los cambios más insignificantes pueden traducirse en valiosas recompensas.

Entonces, ¿cómo puede ponerse a administrar su tiempo más sistemáticamente? El primer paso —y el más crucial— es dividir el tiempo, de la forma más rigurosa posible, en tiempo *público* y tiempo *privado:* entre las horas que dedica a la compañía de otros (personalmente o por teléfono) y las que dedica al trabajo en solitario.

¿Cómo puede calcularse la división correcta? Por muy aburrido que pueda parecer, la única manera de hacerlo —que, afortunadamente, comportará numerosas ventajas secundarias, como luego veremos— es llevar un registro del tiempo durante varias semanas (cuatro como mínimo).

A nadie le gusta llevar registros horarios. Al principio, el mero hecho de llevar el registro parece que absorbe un tiempo excesivo. Sin embargo, unos días más tarde, tendrá la impresión de que no le ocupa nada. Tras un par de semanas, puede convertirse en una adicción. Es posible que empiece a sentir la necesidad perentoria de anotar obsesivamente el control de su tiempo.

No obstante, raras veces vale la pena llevar un registro horario de forma permanente ¡y es fácil cortar con dicha adicción! Generalmente, las valiosas aclaraciones que le ofrecerá un registro horario sobre la forma en que emplea su jornada laboral puede captarlas en unas cuantas semanas; después, sólo merecerá la pena empezar otro de nuevo —y es entonces cuando bien merece la pena empezar otra vez— cuando cambie la naturaleza de su trabajo.

Un registro horario básico es como una agenda diaria con tres columnas:

Hora de comienzo/de terminación	*Actividad*	*Horas/minutos empleados*

Al término de cada jornada, calcule el total del tiempo empleado en cada una de las actividades siguientes (no tardará mucho), prestando especial atención al tiempo bien empleado y al tiempo desperdiciado.

	Horas/minutos	*% del día*
En reuniones (grupos):		
En reuniones (con otra persona):		
Al teléfono:		
Despachando interrupciones:		
Pensando/planificando:		
Escribiendo/dictando:		
— cartas:		
— documentos:		
Ocupándose de urgencias inmediatas:		
Otros ....:		
Otros ....:		
Otros ....:		

Además de estas tres columnas, mucha gente considera de utilidad añadir una cuarta. Ésta, normalmente situada a la derecha del todo, incluirá su propia valoración de lo bien que piensa que utilizó su tiempo, desde un máximo del 100 %, si cree que la actividad ha sido sumamente útil y productiva, hasta un 0 %, si ha sido una absoluta pérdida de tiempo.

Hay quien considera este tipo de valoraciones matemáticas un poco demasiado arbitrarias y difíciles de hacer; en realidad, es improductivo y resulta una pérdida de tiempo preocuparse demasiado de si el porcentaje de improductividad de una actividad particular ha representado el 23 o el 24 %, o ha sido una pérdida total de tiempo. Sin embargo, si puede llevar una cuarta columna, incluso aproximadamente, podrá conocer con mayor precisión cuándo y dónde emplea su tiempo y cuándo y dónde no.

Tras varias semanas de llevar el registro horario, debe pasarse algunas horas con la calculadora, evaluando el tiempo que necesita por término medio:

— para el trabajo privado: pensar, escribir, planificar;
— para reuniones;
— para el teléfono;
— para urgencias.

Entonces sabrá por qué, en el pasado, se ha visto tantas veces incapaz de despachar la petición a última hora de un informe urgente, o ha acumulado una lista inmensa de llamadas telefónicas por contestar que lleva varios días creciendo encima de su mesa. Es casi seguro que no ha equilibrado satisfactoriamente las exigencias de sus horas de trabajo, con resultados superineficientes.

Aún más importante, el uso de un registro horario le proporcionará unas buenas directrices para determinar la prioridad de sus actividades. En el capítulo 3, trateremos ampliamente el establecimiento de prioridades y su consecución, pero usted ya debe tener claro que el conocimiento exacto del empleo del tiempo es esencial, para asegurar que dedica más horas a las tareas de mayor importancia y menos a las que no tienen tanta. ¡Qué, con toda probabilidad, será precisamente al revés de cómo lo hace ahora!

> CONSEJO: No haga trampas: el registro horario es para uso exclusivo de usted. Si ha estado cotilleando o leyendo un antiguo ejemplar de *Cosmo,* o telefoneando a los amigos, anótelo. Sólo cuando sepa la verdad podrá decidir si debe cambiar o no sus costumbres.

Las interrupciones

Reducir las interrupciones inoportunas es un aspecto crucial en cualquier programa de administración del tiempo. Lógicamente, el mejor modo posible de mantener a raya las interrupciones inoportunas es una secretaria inteligente, convenientemente situada delante de la puerta, y si tiene la suerte de contar con semejante tesoro, podrá delegar en ella muchas de las normas abajo mencionadas. No todas las interrupciones son inoportunas: raras veces lo es una llamada telefónica sorpresa, de parte de un cliente que pretende hacer una gran compra (aunque usted no trabaje en ventas o márketing).

Tampoco es prudente encerrarse todo el día y convertirse en el Howard Hughes de la empresa. Hágalo y rápidamente se encontrará al margen de lo que sucede, a medida que la gente deje de acudir con sus problemas e ideas para comentarlos con usted y pedirle ayuda. Sólo oirá hablar de los problemas cuando lleguen a ser crisis.

(Muchas compañías modernas —las del descomunal Mars/Pedigree Petfoods Group, por ejemplo— tienen oficinas dispuestas en planta diáfana para todo el mundo, incluido al director gerente, a fin de evitar este tipo de comportamiento insociable; sin embargo, y a pesar de esto, los impertinentes lobos solitarios se las arreglan para crear zonas invisibles de disuasión alrededor de su mesa, que las restantes personas encuentran prácticamente inexpugnables.)

La mejor solución es avisar a todo el mundo, incluido su jefe, cuando esté realizando un trabajo *privado* y no puedan molestarle, salvo en casos de verdadera urgencia. (Dicho sea de paso, si los jefes son inteligentes, y saben que usted es serio, procurarán no interrumpirle; ellos son conscientes de los problemas y deben darse cuenta de que no les interesa en absoluto sabotear su trabajo.)

Es más probable que se acepten y respeten tales demandas de aislamiento si sus colegas saben que, en general, usted está siempre disponible. Sin embargo, incluso cuando su puerta está metafóricamente abierta de par en par, es vital establecer unas directrices que reduzcan al mínimo las causas de pérdida de tiempo puestas de relieve por su registro horario.

Aparte del teléfono, que ya hemos visto en el capítulo anterior, la interrupción más frecuente es el visitante inesperado. Ciertas visitas inesperadas son necesarias, algunas innecesarias, otras, simplemente, se alargan demasiado. Éstas son algunas de las formas de hacer frente a las dos últimas:

— *Fije un tiempo límite.* Tan pronto como llegue el visitante y usted sepa el motivo de su visita, diga sencillamente: «¿Le importa que despachemos esto en diez minutos? Tengo un montón de cosas que hacer ahora mismo.» Tras esto, seguramente podrá despachar el asunto en un cuarto de hora.

— *Agrupe las visitas.* Al igual que con las llamadas telefónicas, reserve un tiempo determinado cada dos días (su registro horario le indicará aproximadamente el tiempo que necesita) y pida al visitante inesperado que vuelva entonces. El sistema ofrece la ventaja adicional de que es fácil abreviar las conversaciones, sin ser grosero, cuando es evidente que le está esperando otra visita.

— *Pase a otro la visita.* Tan pronto como conozca el motivo de la visita, diga con educación pero con firmeza: «Estoy seguro de que X podría tratar esto mejor que yo. ¿Por qué no va a verle?» Es sorprendente —hasta el momento de llevar un registro horario— la cantidad de tiempo que empleamos en hablar de problemas que no estamos facultados para resolver.

— *Invente una reunión.* Si no se acordó de fijar un tiempo límite y la conversación se alarga interminablemente, mire de repente su reloj y salga a toda velocidad hacia una reunión «casi olvidada». Aunque vaya simplemente al retrete y vuelva cinco minutos después, es posible que haya ahorrado tiempo, pero tenga preparada una excusa inmediata caso de que, accidentalmente, tropiece con el visitante del que acaba de deshacerse.
— *Pida una nota escrita.* Apenas el visitante haya empezado a hablar, interrúmpale y diga: «Mire, lo siento pero no tengo tiempo para tratar ese asunto ahora mismo, ¿no podría enviarme una nota por escrito?»
— *Visite al visitante.* Si sabe que el visitante es un charlatán, no le deje empezar y dígale que irá a su despacho un poco más tarde; siempre es mucho más sencillo salir uno mismo que hacer salir a los demás.

Hay tres tipos de interrupciones que, si se dan con frecuencia, son síntoma de ineficiencia grave:

1. *Insistencia.* Cuando el visitante empieza: «¿Qué pasa con lo que me prometió el viernes?», el problema no es la visita sino una comunicación deficiente, o una organización deficiente, o ambas cosas a la vez. Si usted sabía que iba a demorarse lo que prometió, tendría que haberlo avisado por adelantado; y si sus promesas frecuentemente se cumplen tarde, es probable que esté sufriendo los estragos de la postergación, que aprenderá a resolver en el capítulo siguiente.
2. *Preguntas del personal.* Cuando los subordinados piden continuamente aclaraciones sobre fechas límite, decisiones, consejos o información, puede estar seguro de que no ha habido una comunicación eficaz, en cuyo caso es urgente revisar las seis reglas de la comunicación personal (capítulo 1).
3. *Urgente, urgente.* Si casi todas las interrupciones anuncian alguna urgencia, hay algo que va lamentablemente mal; los problemas pueden proceder de usted, o de otra parte de la organización. En primer lugar, compruebe atentamente que no es usted el duende y después, cuando esté seguro de encontrarse

fuera de toda sospecha, advierta a su jefe, de forma que pueda iniciarse una investigación general.

Probablemente, la causa más frecuente de las interrupciones continuas es el exceso de relaciones, ya sea con los subordinados, los colegas, o los jefes. Así pues, otra ventaja que puede extraer de su registro horario es utilizarlo para calcular con cuántas personas de la organización se relaciona en una semana normal. La respuesta probable es: demasiadas.

> CONSEJO: Identifique sus relaciones laborales, vea si puede eliminar alguna inmediatamente y dedíquese a reducir la lista de manera definitiva en un 10 %, por lo menos, en los próximos seis meses. (Anótelo en su registro horario para comprobar lo que ha hecho.)

¿Alondra o búho?

Psicólogos norteamericanos han comprobado que una de cada cuatro personas es más eficaz por las mañanas; son las «alondras». De forma similar, una de cada cuatro personas funciona mejor por las tardes; son los «búhos». El resto no se inclina acusadamente hacia ningún lado.

Las alondras abren la oficina, a los búhos se les censura por llegar tarde: las alondras salen del trabajo agotados, a las seis de la tarde, cuando los búhos cogen el ritmo. Si hay alguna tarea urgente que hacer, las alondras se levantan pronto, mientras que los búhos se acuestan tarde.

La temperatura del cuerpo de una alondra se eleva rápidamente al despertar, permanece uniforme y empieza a descender sobre las siete de la tarde. La temperatura de un búho se eleva gradualmente a lo largo del día y no empieza a caer hasta las 8,30 o después. La elevación de la temperatura del cuerpo está relacionada con un incremento de la vivacidad, y la bajada de temperatura, con la disminución de dicha vivacidad.

Al llegar a los veinte años, casi todos tenemos una idea aproximada de si somos alondras, búhos o nada. Si tiene dudas, es importante que rellene el cuadro siguiente de somnolencia/vivacidad durante tres días laborables consecutivos. Está basado en la famosa «escala de somnolencia» de la universidad californiana de Stanford:

	Mañana			*Tarde*				
	6-8	8-10	10-12	12-2	2-4	4-6	6-8	8-10
1. Vivaz, completamente despierto, activo..................	1	1	1	1	1	1	1	1
2. A un nivel alto, pero no al máximo..........................	2	2	2	2	2	2	2	2
3. Despierto pero no totalmente vivaz....................	3	3	3	3	3	3	3	3
4. Un poco confuso, relajado, desinflado.......................	4	4	4	4	4	4	4	4

Debajo de cada período de dos horas, rodee con un círculo el número que mejor refleje cómo se siente. Tres días después, estará claro: si ha rodeado más 1 y 2 por la mañana y más 3 y 4 por la tarde, es usted alondra; o en caso contrario, búho; si la distribución es indistinta, no es usted ninguno de los dos.

Por supuesto, de cara a la supereficiencia, debe reservar su mejor momento metabólico para las tareas más complejas y creativas, y llevar a cabo los trabajos más mecánicos y monótonos durante los períodos de menor vivacidad. Además, es importante, si bien un poco deprimente, observar que el aforismo de Benjamin Franklin en pro de una vida saludable: «Acostarse pronto y levantarse temprano hacen al hombre sabio, rico y sano», ha quedado confirmado, al menos en parte, gracias a un estudio de los estudiantes de medicina norteamericanos, según el cual los santurrones que se iban pronto a la cama y se levantaban temprano obtenían, en general, mejores calificaciones.

La agenda

Para casi todos nosotros, el hecho de llevar una agenda fue una de las primeras cosas en que imitamos la vida de un ejecutivo. Escribimos nuestro nombre, dirección, cumpleaños y el primer día del curso. Después la perdimos. Es prácticamente seguro que nos la había regalado nuestro padre, a quien se la regaló un impresor, entre las muchas que le regalaron sus proveedores, ninguna de las cuales le gustaba porque siempre se compraba una para él.

La omnipresencia de las agendas como regalo es, en cierto modo, un tributo al papel indispensable que éstas desempeñan en la vida empresarial. Y, al haber llevado, más o menos, un diario desde los seis años, nunca nos hemos preocupado de pensar cómo utilizarla con mayor eficacia; tal vez la familiaridad no ha producido el menosprecio, sino el descuido fortuito.

Con frecuencia, el resultado es ponernos de mal humor con nuestras agendas cuando las cosas salen mal (los malos trabajadores y sus herramientas, como siempre). Por el contrario, siguiendo unas cuantas reglas lógicas, podríamos mejorar enormemente la eficacia del uso de nuestras agendas. Helas aquí:

— *Utilice siempre lápiz.* Las citas de los ejecutivos se mezclan con indefectible regularidad y las agendas escritas con estilográfica, bolígrafo o rotulador pronto se convierten en un embrollo ilegible de rayas y garabatos. Use un lápiz, borre e insista en que su secretaria haga lo mismo.

— *Utilice una «escala de cambio».* Para ayudar a su secretaria, e incluso a sí mismo, a saber cuáles son las citas que pueden cambiarse fácilmente y cuáles no, márquelas con asteriscos, de cero a tres. Las citas sin asteriscos pueden cambiarse con facilidad, las que tengan tres asteriscos sólo pueden cambiarse en caso de guerra o revolución.

— *Descifre sus garabatos.* Los apuntes de las agendas normalmente se garabatean de forma rápida e ilegible, al atender al teléfono o durante una reunión. Bórrelos y vuelva a escribirlos de modo que usted mismo y otras personas puedan leerlos cómo y cuándo sea necesario (nunca podrá descifrarlos si pasan diez semanas).

— *Calcule la hora de terminación.* En todas las agendas se indica el comienzo de las citas, pero en pocas se detalla cuándo es posible que terminen, aunque dicha información es de vital importancia para usted, su secretaria o cualquier otra persona que intente acomodar otras citas a las ya establecidas.

— *Redoble la seguridad.* Si lleva una agenda de bolsillo y tiene otra en el despacho y, siendo como es un ejecutivo atareado, es prácticamente imposible no hacerlo, actualícelas todos los días o, en el peor de los casos, cada dos días; indique a su secretaria todas las citas que ha concertado mientras está ausente de la oficina, siempre que la llama; y prohíba a su secretaria, o a cualquier otra persona, concertar citas inamovibles mientras usted está fuera puesto que, con toda certeza, usted estará concertando una cita inamovible en ese mismo momento, esté donde esté.

Sobre todo, recuerde que las agendas de trabajo no son, como parecen creer tantos ejecutivos, documentos de alto secreto. Si quiere llevar una agenda secreta, repleta de notas clandestinas personales, es asunto suyo; pero las agendas de trabajo están para ayudar, tanto a usted como a otros, a programar su trabajo con eficiencia, cuestión en la que hacen hincapié las empresas modernas de alta tecnología, en las que las agendas están informatizadas y todos los ejecutivos pueden ver los programas de los demás en sus monitores.

Las citas

Ya hemos comentado los mejores sistemas para despachar las visitas no programadas, pero todos los ejecutivos se encuentran con el compromiso de una serie de citas programadas, que también resultan ser inútiles. Con frecuencia, tienen el presentimiento de que así será en el momento de concertar la cita; en otras ocasiones, esto queda claramente de manifiesto a los pocos instantes de que comienza.

Muchos de los métodos para despachar tales citas son similares a los que se emplean con las visitas no programadas:

- Fije un tiempo límite, muy corto, una vez que se haya percatado de que la reunión no tiene objeto.
- Pase la visita a un subordinado, preferentemente tratable, cuyo tiempo no sea tan caro como el suyo propio. (No emplee este truco con los empleados gruñones, a no ser que *quiera* que el visitante reciba un trato poco cortés.)
- Invente una reunión: «Lo siento, pero el presidente me ha llamado para una reunión importante dentro de nueve minutos, por lo que no puedo estar mucho tiempo con usted.» (La mención de un período de tiempo un poco extravagante siempre parece especialmente verosímil.)
- Pida los datos por escrito, debido a que no se había dado cuenta anteriormente de lo importante/complejo/detallado que resulta el tema.

Un tipo de cita que normalmente debe despacharse con más rapidez que educación es una «desastrosa» entrevista de selección para un puesto de trabajo. Esto se aplica, en particular, a las entrevistas con aspirantes a secretarias, pero puede aplicarse asimismo a las entrevistas con aspirantes a puestos de dirección, cualquiera que sea el nivel: en el momento de recibir al aspirante, usted sabe que algo no va bien (y hay muchas probabilidades de que él sienta precisamente lo mismo). Sin embargo, ya se le ha sometido a otras tres entrevistas y ha recorrido muchos kilómetros para verle a usted. (He entrevistado a más de un candidato a un puesto de alta dirección, llegado desde California sólo para eso y, en cuestión de minutos, he decidido que lo mejor que podía hacer era volver en seguida a Heathrow y coger el vuelo de vuelta del avión que le trajo a Londres.)

Es posible que los entrevistadores más implacables digan la verdad sin rodeos y abrevien la cita inmediatamente. En el término medio está la virtud: perder el mínimo tiempo posible sin ser excesivamente duro. Con las secretarias, esto es comparativamente sencillo, pero con los altos ejecutivos puede resultar complicado y no se puede aconsejar ninguna fórmula. No obstante, el principio básico es descubrir rápidamente algún fallo en las aptitudes de la persona entrevistada y dar a entender que eso de lo que ella carece —independientemente de lo que se le haya dicho en entrevistas anteriores— es, en su opinión, absolutamente crucial para el puesto.

Presentamos un ejemplo muy sencillo, que dará resultado con la mayoría de las secretarias entrevistadas: «Se trata casi exclusivamente de mecanografiar cifras, ¿sabe? ¿Está usted capacitada para mecanografiar páginas interminables de cifras? Me han dicho que algunas secretarias lo encuentran muy pesado, ya se lo mencionaron, ¿verdad?» Esto puede garantizarle que 99 de cada 100 candidatas saldrán corriendo de su despacho, dispuestas a no aceptar el trabajo a ningún precio.

Las citas con posibles proveedores suelen ser parecidas a las citas con posibles empleados: nada más empezar, usted sabe si van a ser fructíferas. No hay ninguna razón para entretenerse innecesariamente con los proveedores: es una pérdida de tiempo, tanto para usted como para ellos. Así pues, déles a entender, de una forma rápida y cortés, que la cita ha sido un error, déjeles que intenten disuadirle durante tres minutos, como máximo, y, si no lo consiguen, levántese y dé por terminada la reunión.

Otro error que casi todos cometemos es aceptar citas que preferiríamos eludir, cuando son para un futuro lejano. Es una forma retorcida de postergación: si le pidieran que lo hiciera mañana, diría que no, pero acepta para dentro de seis meses porque falta mucho tiempo para preocuparse por ello. Entonces, el futuro llega a toda velocidad y usted intenta rajarse en el último momento, o sigue adelante a regañadientes y furioso.

> CONSEJO: No acepte compromisos inaceptables sólo porque no se vayan a producir hasta dentro de un siglo.

Una aplicación perfecta de esta regla puede verse en una carta que recibí de un alto ejecutivo de Unilever, a quien había invitado a dar una conferencia que se celebraría un año más tarde. Decía la carta:

> Su invitación, cursada con tanta antelación, me impide hacer uso de la habitual excusa de que ya tengo un compromiso para el día de la conferencia. Por lo tanto, prefiero decirle la verdad. No tengo ni idea del tema del que me invita usted a hablar, ni es un tema que me interese particularmente. Así pues, no sería un orador adecuado. Espero que esté de acuerdo.

Estuve de acuerdo.

Finalmente, hay un tipo de citas que muy pocos anotamos en nuestra agenda: las citas con nosotros mismos. Ya hemos hecho alusión a la necesidad de anotar el tiempo empleado en llamadas telefónicas y visitas. Es igualmente importante —si no más— apuntar el tiempo *privado* de forma periódica (un par de medios días a la semana o lo que indique su registro horario) y de forma específica, cuando necesite tiempo para trabajar en un proyecto particular. Sólo marcando claramente dichas «citas» en su agenda tendrá la ligera esperanza de que queden libres para usted.

George Bogle, cuando era director del colosal grupo papelero Reed International, incorporó una novedad realmente útil a este sistema. Un día al mes trabajaba en casa, con su secretaria, aislado de visitas, reuniones y llamadas telefónicas, exceptuando aquellas que fueran realmente urgentes. A lo largo de cada mes, recopilaba un archivo de temas a tratar en sus «días en casa»; juraba, y es verosímil, que eran los doce días más productivos del año.

Comer, beber y divertirse

Comer, beber y divertirse son, a primera vista, cosas archienemigas de la administración del tiempo y la supereficiencia. Huelga recordar en este libro las innumerables horas-hombre que emplean cada año los ejecutivos engullendo, cotilleando y bebiendo durante dos o tres horas cada mediodía, o el efecto perjudicial que esto tiene en su productividad después de comer.

Sin embargo, sería una actitud ingenua de avestruz pretender que el ejecutivo medio pudiese rehuir completamente la comilona ocasional del mediodía o, en realidad, que el ejecutivo medio quisiese hacerlo. Además, no hay duda de que cierto tipo de transacciones comerciales pueden tratarse mejor en el transcurso de una comida que en una mesa de despacho. Comer juntos ha sido, desde tiempos inmemoriales, un símbolo de amistad e, incluso hoy en día, a muy poca gente le resulta cómodo comer con personas que le disgustan. Tampoco es un fenómeno particularmente comercial: comisarios comunistas y sacerdotes católicos, políticos y académicos, funcionarios y reyes, todos mueven el bigote, formal e informalmente, en una muestra fraternal de amor y buena voluntad.

Por lo tanto, puesto que la comilona en comunidad es inevitable, es esencial llevarla a cabo de la forma más sensata posible. Éstas son algunas de las reglas que le ayudarán a minimizar los inconvenientes y maximizar las ventajas:

— *«Eso de una comida gratis no existe.»* El famoso aforismo del profesor de economía Milton Friedman es aún más cierto en la comida que en la economía. Si una persona le paga a usted una comida, es porque quiere algo a cambio. Puede que sólo sea su grata compañía, pero...
— *Nunca acepte una comida de alguien a quien no conoce.* Las citas a ciegas pueden estar bien para adolescentes, pero en los negocios suelen resultar muy violentas.
— *No acepte comidas de proveedores cuyos servicios sabe que no va a utilizar nunca.* Empleando otra analogía de la juventud, son ganas de fastidiar y al final es probable que acabe fastidiado.
— *No entreviste a los aspirantes a un puesto durante una comida.* Al parecer, esta costumbre, frecuente en otros tiempos, se está perdiendo, y con razón; esto implica un compromiso excesivo por parte del empresario y es difícil de truncar.
— *Considere detenidamente cuánto gasta.* Ésta es una de las decisiones más difíciles, en lo que a diversiones se refiere. Si gasta con excesiva generosidad, puede violentar a sus invitados, que si son clientes quedarán convencidos de que obtiene grandes beneficios; si se muestra tacaño, puede provocar resentimientos. (Con toda mi experiencia en diversiones de negocios, de vez en cuando sigo cometiendo ambos errores y después me maldigo por no haber examinado la cuestión con suficiente detalle al principio.)
— *Evite los aperitivos, y las copas después de las comidas.* Si se limita al vino o a la cerveza en la comida, y nada más, puede sentirse ligeramente «alegre» durante un ratito, pero estará en su sano juicio el resto de la tarde.
— *No compita con los borrachines empedernidos.* Indique de antemano al camarero que le traiga zumo de tomate «a palo seco» cuando pida un Bloody Mary, y dé sorbitos milimétricos al vino en tanto que el borrachín engulle el suyo. Mientras a él le vayan

rellenando regularmente el vaso, nunca se fijará en el de usted.

— *No pretenda alegrar a los clientes emborrachándoles.* Deje que beban todo lo que quieran, pero no les incite a tomar más; hay un 50 % de probabilidades de que, más que gustarles, les disguste.
— *No suponga que van a comprarle cualquier cosa después de unos cuantos tragos.* Mucha gente se vuelve más crítica y agresiva tras haber tomado unas copas, y hacer una venta puede resultar más difícil que nunca.
— *Haga un poco de ejercicio para disipar los efectos.* Procure dar un paseo rápido, aunque sea breve, después de una comida pesada: le resultará beneficioso para el peso, la digestión y el cerebro.

Una vez enumerados los riesgos y trampas, merece la pena recordar someramente las ventajas que reporta el alternar acertadamente. Ante todo, una comida de trabajo permite a ambas partes conocer más de los negocios de la otra parte, de lo que se conseguiría en reuniones más formales; cada una de las partes captará sutilezas e insinuaciones, prejuicios y trivialidades, la política de la compañía y los problemas internos, conocimiento e ideas que pueden hacer que las ruedas de una futura colaboración marchen con más suavidad y eficacia.

Además, aunque los puristas (y economistas) prefieran creer que todas las decisiones de compra proceden de la interacción calidad/precio, la realidad es que todos preferimos comprar bienes y servicios a personas que nos agraden, ya se llamen Ford o Sainsbury, o Sr. Kipling o Whitbread. Si sabemos alternar correctamente, es indudable que las posibilidades de vender nuestros artículos son mayores.

Por supuesto, no todas las comidas y bebidas del mediodía son diversión (¡en cualquiera de los sentidos de la palabra!). El comedor de la empresa, una visita al bar, un tentempié en la oficina —nada de esto debe afectar a su eficiencia, mientras que la consumición sea moderada—. Sin embargo, sí se verá afectada por el ayuno absoluto. En un estudio recientemente realizado en Estados Unidos, se ha demostrado que entre los ejecutivos norteamericanos se está extendiendo rápidamente la costumbre de no comer al mediodía. La gente lo hace porque creen que les ayuda a estar delgados y mantenerse en forma, y que luego les permite equilibrar su abstinencia con unos cuantos martinis secos y una buena cena por la noche.

Las pruebas médicas indican que el comer (o ayunar) a salto de mata es poco sano, lo cual resulta ineficiente en sí. Pero, lo más importante, desde nuestro punto de vista particular, es que resulta directamente ineficiente porque ralentiza los procesos y respuestas mentales vespertinos, conforme se va reduciendo la nutrición y los niveles de glucemia. Simplemente, no es posible alcanzar un grado de productividad alto y continuado a lo largo del día sin alimento suficiente.

Además, como todos sabemos, la alimentación debe ser equilibrada y sana, rica en fibras y pobre en grasas, con muchas vitaminas y poco azúcar o sal. Hoy en día, en cualquier buena librería pueden encontrarse docenas de libros sobre dietas. Baste con decir que no podrá alcanzar la supereficiencia quien siempre se encuentre dispuesto y sea víctima constante (y sin necesidad) de males menores que podría evitar con una dieta sana. Aparte del malestar y la incomodidad que le producen, representan una pérdida de tiempo terrible.

Antes de dar por terminado el tema de la comida y la bebida, unas palabras sobre los desayunos y cenas de negocios. Muchos ejecutivos se burlan de los desayunos de negocios, considerándolos como una costumbre norteamericana poco civilizada. Esto es una tontería. A no ser que usted sea un búho incurable, que no pueda abrir los ojos ni prestar atención a primera hora de la mañana, los desayunos de negocios son una forma excelente de añadir una hora o más, sin dificultades, a la jornada laboral. Además, debido a que los horarios de los desayunos suelen ser limitados y no se bebe alcohol, aunque no tan sociables como las comidas, tienden a ser más comerciales. Implican urgencia y las decisiones se toman con eficiencia antes de salir corriendo hacia el trabajo.

Por otra parte, las cenas de negocios son todo lo contrario. Normalmente pueden alargarse, y de hecho así sucede, hasta altas horas de la noche, y el alcohol suele degustarse con generosidad, por lo que son más motivo de relaciones sociales que de concentración en el trabajo. Pocos ejecutivos —excepto los búhos más empedernidos— se sienten capaces de resolver problemas intrincados o de tener buenas ideas creativas tras un día agotador, trabajando como negros sobre una mesa de despacho. (Si la «cena» se alarga, durante las primeras horas de la madrugada pueden llegar a convencerse de que su inspiración y creatividad han vuelto a raudales; a la mañana siguiente, es poco probable que puedan demostrar que dicha hipótesis era correcta.)

Por lo tanto, aproveche los desayunos para tomar decisiones, y las cenas para divertirse pero, pase lo que pase —como veremos dentro de dos secciones—, no intente hacer de la noche día.

Pausas naturales

Incluso los ejecutivos más atareados, a cualquier nivel directivo, tienen a veces algo de tiempo libre. Una visita que llama para avisar que llegará veinte minutos más tarde, o un documento que no estará mecanografiado hasta dentro de diez minutos, o ciertos datos esenciales que no estarán listos hasta dentro de un cuarto de hora. Además de ser una buena oportunidad para relajarse durante unos momentos, estas pausas naturales, no programadas, pueden aprovecharse para hacer pequeñas tareas que, de lo contrario, se dejan de lado. Algunos ejecutivos consideran de utilidad tener una «lista de trabajos para hacer en cinco minutos» en relación con dichas tareas, que incluirá puntos tales como:

— preparar una lista de asistencia a reuniones,
— redactar el orden del día de las reuniones,
— confirmar la(s) reserva(s) en un restaurante,
— hojear los periódicos,
— concertar citas,
— archivo personal,
— conseguir las entradas para un teatro o un concierto.

Ante todo, especialmente si la pausa natural se ha debido a la demora de una visita importante, aproveche el tiempo para confirmar que todo está listo para la reunión. En el curso normal de los acontecimientos, ya que vamos corriendo de trabajo en trabajo y de cita en cita, a veces nos encontramos con que nos faltan los documentos adecuados o descubrimos demasiado tarde un error mecanográfico garrafal en un documento importante.

CONSEJO: Si los hados le ofrecen generosamente una pausa natural, aprovéchela para comprobar, antes de hacer cualquier otra cosa, que todos sus preparativos para el asunto que vaya a atender a continuación están impecables y en orden.

Trabajar sin descanso resta eficiencia

Leo Burnett, fundador de la agencia publicitaria de fama mundial que lleva su nombre, envió en cierta ocasión a su personal un comunicado que decía algo así:

Querido John Smith:

Espero que no ponga ninguna objeción a que envíe a todo el personal de la agencia una copia de mi respuesta a su pregunta, pero sé que mucha gente del mundillo publicitario se hace, de vez en cuando, la pregunta que usted me ha planteado.

Hay gente trabajando en publicidad que no se da cuenta de que éste no es más que un trabajo como cualquier otro. Llegan pronto y salen tarde. Trabajan los fines de semana. Se despiertan por las noches preocupados por los problemas de los clientes. Ven pocas veces a su mujer y a sus hijos. A lo mejor, acaban divorciándose. No tienen más tema de conversación que la publicidad. Si te los encuentras en una fiesta, te aburren hasta el llanto. En realidad, son seres obsesionados y engañados.

Por otra parte, hay en publicidad muchas personas que se dan cuenta de que éste no es más que un trabajo como cualquier otro. Excepto en los casos de crisis extremas, llegan sobre las nueve y se van alrededor de las seis. Durante los fines de semana, juegan al golf; por las noches duermen tranquilamente. Ven mucho a su mujer y sus hijos y tienen un hogar feliz y equilibrado. Se interesan por muchas cosas, saben de política y arte y, si te los encuentras en una fiesta, es un delicia hablar con ellos. Realmente son personas equilibradas y civilizadas. Espero que ninguna de ellas trabaje en esta agencia.

El comunicado era magnífico, y todavía subsiste el mito del hombre de negocios obsesionado y engañado, que no puede disponer de tiempo para nada que no sea el trabajo. Sin embargo, esto es una solemne tontería. Todos los grandes hombres de negocios que han logrado triunfar se han dedicado apasionadamente a otras cosas, tal vez las carreras de caballos, o el arte, o la música, o el deporte. Incluso J. Paul Getty, frecuentemente considerado como el prototipo de hombre de negocios positivista y de miras estrechas, estaba profundamente interesado en el arte (¡así como en las mujeres!) y fue el fundador de uno de los mayores museos del mundo.

Para que una organización triunfe no es necesario casarse con ella. Muy al contrario. Las investigaciones científicas sobre el estrés del ejecutivo demuestran, invariablemente, que aquél deriva, en gran parte, de un enfoque excesivamente estricto hacia los negocios y de un esparcimiento escaso o inadecuado.

Muchos ejecutivos encuentran en el deporte una distracción ideal, con la ventaja adicional de que les ayuda a mantenerse en forma. Otros se aficionan a los «hobbies» —desde la jardinería hasta el aeromodelismo, desde la filatelia hasta la carpintería—. Otros se dedican a la pintura o la alfarería, al teatro o al bridge, Winston Churchill construía muros de ladrillo.

Uno de los cirujanos cardiovasculares más célebres del mundo, que rondará ahora los cincuenta, cuyo programa de trabajo es sorprendentemente activo, incluso para los esquemas de los altos ejecutivos, me decía que juega al tenis dos veces por semana, no porque quiera ganar algún día el campeonato de Wimbledon, ni siquiera para mantenerse en forma, sino porque «golpear muy fuerte una pelota es el mejor alivio que conozco para el estrés». Lo que no está nada claro es cómo puede conseguirse el mismo efecto coleccionando mariposas, por muy extraño que parezca.

Lo importante es que a usted le conviene, al terminar su trabajo, ocuparse de algo más fascinante que echar una cabezada todas las noches, antes de cenar, frente a la tele, y que ir al bar los domingos a echar una partida de mus. Como suele suceder frecuentemente, la psicología moderna ha confirmado la sabiduría de una vieja máxima —«Trabajar sin descanso, es de necios y hace necios»— pero yendo mucho más lejos, trabajar sin descanso hará a cualquiera propenso al estrés y a las úlceras, perjudicará su toma de decisiones, sus relaciones personales y su criterio.

Lo siento, Leo Burnett, pero estabas equivocado. El ejecutivo supereficiente, dentro de su programa, debe encontrar tiempo para sus intereses externos; de lo contrario, muy pronto dejará de ser supereficiente.

Tener más tiempo

La trillada imagen, tan querida por la televisión y por los caricaturistas de la prensa, del padre leyendo el periódico durante el desayuno, mientras que su exasperada familia intenta captar su atención, encierra una verdad básica de la vida moderna: nunca hay bastantes horas durante el día, nunca tenemos tiempo suficiente para hacer todo lo que queremos y la única solución es hacer dos cosas a la vez, aunque esto signifique poner furiosos a nuestros seres más queridos y llenarnos los puños de mermelada.

Hasta ahora, hemos comentado en este capítulo la forma de emplear con mayor eficacia nuestras horas normales de trabajo. Pero ¿hay algún sistema para sacarle algunas horas extras a la semana, sin apropiarse totalmente del tiempo destinado al descanso y el ocio? La mejor fuente de tiempo extra son, como mucho, los viajes, que analizaremos en el capítulo 6. Sin embargo, vamos a ver tres casos en los que se puede sacar tiempo adicional haciendo dos cosas a la vez:

1. *El baño.* Leer en el baño, como leer en el desayuno, es un tópico trillado, pero si a usted le gusta estar un buen rato en la bañera, merece la pena que aprenda a leer documentos mientras tanto. Ya que escribir es imposible, un consejo útil es llevarse un dictáfono en miniatura que le ayude a anotar pensa-

mientos e ideas para ocasiones futuras. (Cierto es que esto no le será de mucha ayuda si prefiere la ducha.)

2. *Diversiones.* Otro tópico muy trillado —el trato comercial que se cierra durante una partida de golf— es, asimismo, un símbolo del hombre del siglo XX, que pretende repicar y estar en la procesión. No obstante, siempre vale la pena descubrir a qué se dedican sus colegas y clientes en sus ratos de ocio puesto que, si coinciden sus gustos, pueden hablar de negocios esporádicamente mientras hacen algo que les agrada, aunque es vital no hablar continuamente de trabajo, o la diversión pronto dejará de serlo.
3. *Vacaciones.* Mucha gente cree que en vacaciones se debe dejar de lado el trabajo y olvidarlo por completo y, si es ése su punto de vista, pues que así sea. Sin embargo, un principio alternativo dice que un cambio vale tanto como un descanso, y que usted puede sacar mayor partido (y, tal vez, incluso mayor placer) a las vacaciones, convirtiéndolas en minicursos académicos personales, durante los cuales lea algunos de los muchos libros importantes y estimulantes sobre negocios y gestión que no tiene tiempo de leer durante el ajetreo del año y, con toda seguridad, no en un estado de ánimo relajado y receptivo. (Por otra parte, al igual que con las diversiones, bajo ninguna circunstancia debe estropear sus vacaciones obligándose a leer a Lee Iacocca si estuviera leyendo antes a Len Deighton; por supuesto, es posible leer a ambos.)

Finalmente, con respecto al tema del tiempo, he aquí una forma de ayudarle a administrarlo sin mirarse continuamente la muñeca, cosa que resulta un tanto grosera e irritante para algunos.

> CONSEJO: Si quiere saber la hora, mire el reloj de otra persona.

CAPÍTULO 3

EVITAR LA POSTERGACIÓN

Saber administrar el tiempo es el primer paso para vender al superenemigo de la supereficiencia: la postergación. Ahora podemos darle el *coup de grâce* aprendiendo a asignar prioridades y a afrontar las decisiones difíciles. Este libro no puede tomar decisiones por usted, pero le enseñará a saltar las barreras que obstaculizan constantemente su capacidad de decisión.

Cómo asignar prioridades

¿Recuerda la recomendación de Ivy Lee a Charles Schwab, presidente de la Bethlehem Steel? Por muy utópico que suene, es, sin embargo, la base de toda asignación de prioridades: el análisis. En primer lugar, especifique las tareas que tiene que realizar; después, clasifíquelas por orden de importancia; finalmente, trabaje en ellas siguiendo ese orden. ¿Es así de sencillo? No tanto. La teoría es magnífica pero, como hemos visto, debe adaptarse a la realidad.

Aparte de los problemas relativos a interrupciones y compromisos anteriores —tan pronto se haya puesto a trabajar llegará alguien que tiene una cita para verle— raras veces es posible dedicarse de lleno a una tarea sin tener que interrumpirla para pedir información, o planes, o recomendaciones a otras personas. Esto se traduce en demoras y, con el debido respeto a Ivy Lee, no puede uno estar sentado mano sobre mano hasta que la cuestión quede resuelta.

Muy al contrario, empezará con la tarea siguiente y, probablemente, tropezará asimismo con algún obstáculo provisional que necesite ser resuelto antes de dar por finalizado el trabajo. Por lo tanto, se encontrará, como siempre, trabajando simultáneamente en cuatro o cinco (o, lo más seguro, catorce o quince) proyectos, todos urgentes, todos importantes y sin posibilidad de acabar ninguno de ellos hasta completar las piezas que faltan para el rompecabezas. (¿Es sorprendente que los ejecutivos estén tan sometidos a estrés?)

En este caso hay un planteamiento más real de cara a la asignación de prioridades. Primer punto esencial: prepare y lleve una «lista maestra». Ya sea en un bloc o en un cuaderno, anote *todo* proyecto, tarea, trabajo, llamada telefónica, recado o idea —grande o pequeño, trivial o crucial— a medida que surja. Incluya todos aquellos «algún día me gustaría» para los que, al parecer, nunca tiene tiempo (como escribir un artículo para una revista de su sector, o asistir a un curso de ordenadores, o cualquier otra cosa).

Puesto que no se trata de que la lista maestra sea la lista de cosas por hacer en un día determinado, no hay limitación con respecto al número o tipo de anotaciones. Utilícela como recordatorio de todo, desde comprar una tarjeta de cumpleaños para su secretaria hasta analizar esa brillante idea de márketing que tuvo una noche. Aparte de subrayar las tareas ocasionales que impliquen altos riesgos (véase más abajo), no se preocupe de la clasificación o asignación de prioridades. La lista maestra no es más que un *aide-memoire* perfeccionado. Si tiene acceso a un ordenador personal, empléelo; es ideal a este respecto; si viaja mucho, llévese un bloc o un dictáfono, para que, a la vuelta, pueda transcribir todo a su lista maestra.

Ésta sería una lista maestra típica:

— Comprobar si se han enviado facturas a Pumpernickel.
— Llamar a José para comer.
— Hablar con Luis sobre archivo.
— Reprogramar fecha presentación de Pimpernel.
— Hablar con Juan para revisar completamente el texto.
— Fijar reunión con Ángel para comentar escaso rendimiento.
— Plan para captar nuevos clientes.
— Posponer copas con Roberto.
— Preparar comunicado sobre tendencias estacionales.

Marque los puntos cuando haya empezado a trabajar en ellos, táchelos cuando haya terminado con ellos. No malgaste el tiempo escribiendo la lista todos los días, pero asegúrese de que los temas antiguos no se pierden pasando aquellos que no estén acabados a una hoja nueva antes de tirar la vieja.

La preparación y empleo continuado de una lista maestra contribuyen enormemente a superar la postergación. El simple hecho de ver las tareas que no ha abordado todavía, un día tras otro, frecuentemente bastará para incitarle a la acción. Sin embargo, para utilizar la lista maestra con supereficiencia, debe emplearla como base para una «Lista diaria de cosas por hacer».

Cada mañana (o tarde) repase rápidamente la lista maestra y:

1. Divida los proyectos principales en sus partes constituyentes, poniendo en la «Lista diaria de cosas por hacer» todas las acciones a emprender antes de que pueda empezarse el proyecto. Esta sencilla forma de análisis del camino crítico le servirá de ayuda para evitar continuos retrasos, del tipo anteriormente mencionado, una vez que empiece a trabajar realmente en el proyecto.
2. Compruebe si algunos trabajos pueden delegarse en otras personas.
3. Compruebe si, pensándolo bien, no vale la pena preocuparse por algunas de las tareas diarias y pueden eliminarse.
4. Pase a su «Lista diaria de cosas por hacer» un número razonable de tareas, teniendo más o menos en cuenta lo importantes que son, cuánto tiempo le ocuparán y qué otras cosas hay en su agenda para llevar a cabo durante el día.

Ahora es importante volver al consejo de Ivy Lee y clasificar por orden de prioridad los puntos en su «Lista diaria de cosas por hacer». El mejor sistema es la clasificación en una, dos y tres estrellas, según los criterios siguientes:

— *Tres estrellas:* «tareas ineludibles» inmediatas o críticas que sepa que no pueden demorarse 24 horas. Cualquier proyecto importante que usted mismo haya programado para que se lleve a cabo durante ese día. Cualquier tarea especialmente desagradable o tensa, como hacer una crítica o incluso despedir a un subordinado por negligencia en el trabajo.

— *Dos estrellas:* tareas de nivel medio que es preciso terminar con prontitud, pero no necesariamente ese mismo día. Reuniones necesarias para avanzar en, o conseguir información para, proyectos importantes en curso. Trabajos que sean esenciales, pero no urgentes ni desagradables, como una sesión informativa y la lectura de un informe.

— *Una estrella:* tareas rutinarias y de escasa prioridad, como responder cartas y llamadas telefónicas de poca importancia, revisar contratos estándar, leer revistas del sector, liquidar gastos particulares.

Procure no adoptar un sistema de clasificación de diez o cinco estrellas, o se encontrará perdiendo el tiempo al intentar clasificar los trabajos con excesiva precisión: el método de las tres estrellas es bastante exacto, flexible y fácil de utilizar.

Cuando pase los puntos de la lista maestra, no pase más de cuatro puntos de tres estrellas, como máximo, a su «Lista diaria de cosas por hacer» destinando el resto de su jornada a asuntos de una y dos estrellas. Si intenta introducir en un día demasiados puntos de tres estrellas, pronto abandonará el sistema, frustrado: no es posible reunir cada día tiempo o energía mental para realizar más que unos pocos proyectos de gran prioridad.

Naturalmente, según la recomendación de Ivy Lee, debe empezar el día con las tareas importantes de tres estrellas, de forma que pueda despacharlas antes de pasar a los asuntos de dos y una estrellas. Asimismo, de acuerdo con Ivy Lee, termine todos los trabajos —o llegue, por lo menos, a un punto de parada natural— antes de empezar con el siguiente.

Sin embargo, no permita que su «Lista diaria de cosas por hacer» se convierta en una lista de especificaciones fijas e inalterables para todos los días de trabajo. No es eso y no puede serlo. Es un mapa de carreteras y no un reglamento. Acabar con la lista demasiado pronto, no significa necesarimente que haya hecho un trabajo maravilloso y merezca un descanso bien ganado; lo más probable es que, para empezar, se haya autoprogramado un trabajo excesivamente fácil. Por otra parte, si algunas veces no termina la lista antes de la hora de salida, debe completar los temas de tres estrellas y dejar los de dos y una para el día siguiente. Al fin y al cabo, ese era el objetivo de clasificarlas en primer lugar.

CONSEJO: No atiborre el día de actividades programadas: prepárese un colchón anti-crisis y espere lo inesperado.

Riesgos y recompensas

Falta todavía por mencionar uno de los criterios fundamentales aplicables al establecimiento de prioridades: la valoración de los riesgos y recompensas que pueden derivarse de las diversas actividades de sus listas.

Es prácticamente seguro que su vida laboral se ajusta al principio

80/20. Éste indica que aproximadamente el 20 % de lo que hace produce un 80 % de resultados y, a la inversa, el 80 % de lo que hace produce un 20 % de resultados. Este principio, expuesto por vez primera por el economista italiano Vilfredo Pareto, funciona en muchos campos de nuestra vida laboral (y, también en la privada):

— El 20 % de los clientes casi siempre produce el 80 % de las ventas;
— el 20 % del tiempo empleado en reuniones genera el 80 % de los resultados;
— el 20 % del periódico tiene el 80 % de las noticias;
— el 20 % de las operaciones produce normalmente el 80 % de los beneficios;
— el 20 % del papeleo produce el 80 % del valor.

Y, de manera decisiva, el 20 % de los temas de su lista maestra también se traducirá en el 80 % de su productividad. ¿Cómo puede identificar este valioso 20 %? (Observe que ese 20 % de asuntos no tiene que coincidir necesariamente con los puntos de tres estrellas. Un comunicado urgente del presidente, que pida una respuesta instantánea, puede tener tres estrellas y, sin embargo, en cualquier otro aspecto, puede ser una completa pérdida de tiempo; como todos sabemos, esta falta de lógica es uno de los elementos más perniciosos de la vida empresarial.)

Si analiza con un poco de previsión su lista maestra y su «Lista diaria de cosas por hacer» en base al principio 80/20, pronto podrá llegar a identificar qué actividades le producirán probablemente las mayores recompensas, y cuáles las menores. Lógicamente, la división dependerá de sus circunstancias, objetivos y trabajo particular, pero presentamos a continuación algunas directrices que le serán de utilidad:

— *Valore su tiempo.* Piense que su tiempo es una inversión financiera («El tiempo es dinero», dice la vieja máxima) y acostúmbrese a valorar las tareas en términos de rentabilidad. No dedique tres horas a conseguir un beneficio adicional de 1.000 pesetas en una factura, para luego tener que lanzarse a decidir una campaña de promoción de diez millones de pesetas en sólo tres minutos.
— *Identifique las tareas de alta rentabilidad.* Las tareas de alta rentabilidad son las que presagian una producción de beneficios sustanciales o espectaculares, como explotar mercados vírgenes, crear una campaña de ventas acertada, conseguir un contrato importante, o aumentar sustancialmente la productividad.

— *Minimice las tareas de baja rentabilidad.* Las tareas de baja rentabilidad son la mayoría, el 80 % de nuestras actividades, que no son ni muy satisfactorias, ni muy agradables, pero que deben hacerse. Son fáciles de identificar en cualquier lista maestra. Intente reducir al mínimo el tiempo que dedica a ellas; el principio 80/20 no es inmutable.

Finalmente, hay algunas tareas que, si se demoran durante mucho tiempo, implican una rentabilidad *negativa* —o altos riesgos— y a las cuales debe prestar una atención especial en su lista maestra. Los trabajos de rentabilidad negativa, cuando se retrasan, normalmente producen reacciones en cadena a modo de fichas de dominó. Con frecuencia son trabajos que es preciso hacer para iniciar proyectos a largo plazo y, por lo tanto, no parecen tan urgentes como son. Normalmente, usted es consciente de esto cuando incluye dichos trabajos en su lista maestra y están frescos en su mente, pero los detalles se olvidan en el tumulto, un par de días más tarde.

Las chapuzas con las actividades de rentabilidad negativa y alto riesgo pueden derivar en desastre. Ésta es la razón por la cual debe subrayar dichas actividades tan pronto como las incorpore a su lista maestra. Si descuidamos proyectos de alta rentabilidad es probable que el hecho pase inadvertido pero, si no nos ocupamos de los proyectos de rentabilidad negativa, eso, tal vez, pueda suponernos el despido; son cosas de la vida, tristes, pero inevitables.

Decisiones a todas horas

Todos los días tomamos miles de decisiones, la mayoría de ellas inconscientemente, casi sin pensarlas: decidimos qué ropa ponernos, qué desayunar, qué partes del periódico leer y cuáles no, si haremos algún ejercicio o no y, en caso afirmativo, cuáles y durante cuánto tiempo, y así sucesivamente a lo largo del día. Algunas de éstas —como lavarnos los dientes y cerrar la puerta al salir— están en el fondo de nuestro subconsciente desde hace tanto tiempo, que puede decirse que son más hábitos que decisiones (aunque son hábitos con los que usted puede decidir romper fácilmente como, por ejemplo, cuando tiene tanta prisa que decide no lavarse los dientes, por mucho que sepa que debe hacerlo).

Es un hecho paradójico el que, en comparación con otras especies, tengamos un poder de decisión infinito y, sin embargo, muchos sintamos una indecisión culpable en el trabajo. Sabemos que, frecuentemente, nos andamos con dilaciones porque somos incapaces de decidir con seguridad cuál de las líneas de acción es la correcta y cuál la incorrecta.

Así pues, el primer paso vital es decidir si usted es realmente decidido y en qué grado. Para hacerlo, Peter Turla y Kathleen Hawkins, del National Management Institute, Texas, han ideado el siguiente cuestionario [1]:

Puntuación:	*Con frecuencia (1)*	*A veces (2)*	*Rara vez (3)*	*Nunca (4)*
1. ¿Cambia de opinión después de tomar decisiones?	....	....	....	....
2. ¿Se ven sus decisiones indebidamente influenciadas por las opiniones de los demás?	....	....	....	....
3. ¿Da usted largas a la toma de decisiones?	....	....	....	....
4. ¿Es una agonía para usted tomar decisiones importantes?	....	....	....	....
5. ¿Se ve tan empantanado en el estudio de los detalles que le resulta difícil decidir?	....	....	....	....
6. ¿Gasta usted mil duros de energía para tomar una decisión de tres reales?	....	....	....	....
7. ¿Ha perdido oportunidades por haber tardado demasiado en decidirse?	....	....	....	....
8. ¿Deja usted que decidan otros en su lugar cuestiones que son de su incumbencia?	....	....	....	....
9. ¿Ha tenido dudas al ir cuestionando estas preguntas?	....	....	....	....

Puntuación total	*Valoración*
32-36	Es usted muy decidido, ha fijado sus objetivos a largo plazo, ejerce con responsabi-

[1] Peter Turla y Kathleen L. Hawkins, *Time Management Made Easy*, Panther Books, Londres, 1985. (Hay traducción: *Cómo usar el tiempo con eficacia y productividad*, Ediciones Deusto, Bilbao.)

Puntuación total	*Valoración*
	lidad sus opciones en la vida, y lo más probable es que su trabajo esté desarrollándose de la forma que le gusta.
20-31	Encuentra incómodo el tomar decisiones, pero de ningún modo imposible. Le molesta cambiar de opinión pero puede mejorar fácilmente su capacidad de decisión con un poco de orientación y esfuerzo.
Por debajo de 19	Tiene que ser mucho más decidido. Intenta eludir las decisiones esperando que se diluyan o que otra persona las tome por usted. Dado que usted no es decidido por naturaleza, es preciso que aborde los problemas conscientemente y se esfuerce en ser más determinado.

Sea cual fuere el resultado obtenido, a no ser que consiga 36 puntos de un total de 36, su rendimiento general mejoraría si pudiese perfeccionar su forma de tomar decisiones. Y es evidente que el asunto no está exento de importancia. Como dice en su autobiografía [1] Lee Iacocca, jefe de Chrysler e indiscutible triunfador:

> Si tuviera que resumir en una palabra las cualidades que hacen a un buen director, diría que todo se reduce a la capacidad de decisión. Se pueden utilizar los ordenadores más maravillosos del mundo, recopilar todos los cuadros y números, pero, al final, hay que reunir toda la información, establecer un programa y *actuar*.

¿Pero cómo decidir qué medidas tomar? En primer lugar, debe analizar el problema y conseguir todos los datos importantes relativos al mismo: este proceso se describe detalladamente en el capítulo 5 pero, por el momento, supongamos que ya ha dado pasos iniciales; como decía Lee Iacocca, los demás no van a decidir por usted.

El punto de vista de Peter Drucker, profesor de Harvard, difiere un tanto [2]: «Una decisión es un juicio. Es una elección entre varias alternativas. Es, en el mejor de los casos, una elección entre lo casi correcto y lo probablemente incorrecto.» Su objetivo debe ser asegurar que se dé con mayor frecuencia lo «casi correcto».

El mejor sistema, con mucho, para decisiones importantes, fue con-

---

[1] Lee Iacocca, *Iacocca, An Autobiography,* Sidgwick & Jackson, Londres, 1985.
[2] Peter F. Drucker, *op. cit.*

cebido por Benjamin Franklin, hace unos doscientos años. Yo lo utilizo siempre y nunca falla. Analice los «pros» y los «contras» de su decisión y confeccione dos listas, una frente a otra, en una hoja. (Debe resumir los pros y los contras en pocas palabras, y el análisis nunca ocupará más de una hoja.) Por ejemplo un análisis de los pros y contras de cambiar un empleo sería algo así:

Pros

— Más dinero.
— Más responsabilidad.
— Me gusta el nuevo jefe.
— El triunfo no se logrará con facilidad: gran desafío.
— Más cerca de casa: viajes diarios más cortos.
— Mayor participación internacional.
— Agradable ambiente de trabajo.
— Me estoy estancando en el trabajo actual.
— No hay oportunidades de promoción en la actualidad.

Contras

— No es un incremento importante, no merece la pena cambiarse sólo por eso.
— Confianza total en mí en el trabajo actual.
— Me gustan todos mis colegas actuales.
— La nueva compañía no ha ido muy bien, puede irse a pique.
— Mucho tiempo fuera de casa.
— No volveré a tener una secretaria particular.
— La dirección actual sabe que me estoy impacientando y es probable que encuentre algo para mí.
— Un poco pronto para cambiar otra vez de empleo.

Una vez efectuado dicho análisis, mi decisión personal sería no cambiar de trabajo, pero la suya podría ser la contraria. Algunas decisiones dependerán siempre de sus fines y objetivos individuales. El sistema de Benjamin Franklin no convierte a los seres humanos en autómatas, carentes de libre albedrío; es una forma de apreciación que le ayudará a actuar correctamente casi siempre.

Dicho sea de paso, es vital poner los pros y los contras por escrito: no intente retenerlos en la cabeza. Únicamente escribiéndolos puede estar seguro de haber identificado todos los factores y no haber olvidado ninguno. Y, aún más importante, sea sincero. No hay razón para variar el resultado influyendo en las listas. Si sabe lo que quiere hacer, no pierda el tiempo preparando un análisis falso para autojustificar su decisión. (Pero sí vale la pena, a veces, hacer un análisis de pros y contras sincero y realista para confirmar, por su propia tranquilidad de espíritu, que la decisión que ya ha tomado es la correcta.)

La lista de pros y contras es el mejor sistema que se ha inventado para la toma de decisiones, pero la vida es demasiado corta y el tiempo demasiado fugaz —especialmente en el trabajo— para estar escribiendo un análisis antes de cualquier pequeña decisión. Presentamos a continuación algunos consejos, a fin de ayudarle a tomar decisiones corrientes y molientes con mayor eficiencia:

— *Determine previamente sus objetivos.* ¿Está impaciente por ganar dinero deprisa o le interesa más el recorrido largo? ¿Tiene ganas de ser popular o le importa un bledo? ¿Quiere que su vida privada y su vida laboral vayan a la par o ha decidido mantenerlas separadas? Cuantas más directrices pueda establecer para sí mismo, con mayor rapidez y facilidad decidirá cuáles son las actividades que le ayudarán a alcanzar sus objetivos y cuáles no.
— *Evalúe la «caída».* Entiendo aquí por «caída» lo peor que puede suceder si todo sale mal. Este concepto es una ayuda excelente de cara a la toma de decisiones. Analice las consecuencias que se desprenderían de una decisión totalmente desacertada: raras veces resultarán ser tan desastrosas como temió al principio.
— *Pregunte a la mayor autoridad del mundo.* Más exactamente, pregúntese: «¿Qué haría la mayor autoridad del mundo (o su jefe inmediato, o el presidente de la compañía) en estas circunstancias?» Esto le ayudará a abordar el problema más objetivamente, obligándole a considerarlo desde otro punto de vista.
— *Retrásela deliberadamente.* Demore conscientemente la decisión durante quince minutos o veinticuatro horas, dependiendo de la escala temporal pertinente; comprobará que se mantiene en su mente como algo recurrente hasta que surge la solución correcta.
— *Busque orientación.* ¿Se han enfrentado otras personas a problemas similares con anterioridad? En caso afirmativo, ¿hay libros o artículos de revistas del sector que puedan usarse como referencia y puedan clarificar el asunto y apuntar una respuesta? Mi primer jefe me enseñó que la propensión de los ejecutivos a reinventar la rueda es prodigiosa. Comprobará con asombro que, a menudo, ya existe solución para su problema, si se esfuerza en buscarla.
— *¡Socorro!* No sea orgulloso y pida consejo. No dará una imagen de estúpido, sino de ingenioso, en tanto que, sin duda, parecerá un idiota si toma una decisión equivocada cuando sus colegas, o su jefe, sabían desde el principio cuál era la correcta.
— *Échelo a cara o cruz.* Finalmente, cuando todas las otras solu-

ciones hayan fallado, pruebe a echarlo a cara o cruz; es una buena forma de centrar las ideas. Si el resultado es la respuesta que usted desea, la aceptará, pero si es la respuesta que no quiere, la rechazará. Al fin y al cabo, una persona de su posición nunca permitiría que una moneda decidiese por ella, ¿verdad?

Ya ha decidido. ¿Cómo puede impedirse a sí mismo cambiar otra vez de opinión o, por lo menos, estar incesantemente preocupado por si no ha tomado la decisión correcta? El consejo más sabio lo dio el gran filósofo Bertrand Russell en su obra clásica *The Pursuit of Happiness* [1]. En primer lugar —exhortaba— piensa lo más intensamente que puedas en la decisión; consigue toda la información pertinente; concéntrate en los pros y los contras; luego, decide.

Una vez tomada la decisión siguiendo estas pautas —aconsejaba Russell— destiérrala de tu mente y no vuelvas a reconsiderar el tema, a no ser que salga a la luz *nueva* información. Si estás seguro de que tu pensamiento original fue lo más acertado posible, no vuelvas a considerar el tema simplemente porque empieces a sentirte incómodo o a darle vueltas; así se produce la indecisión paranoica (y las úlceras y el estrés, podría haber añadido Russell ahora). Ésta es la fórmula del filósofo, resumida en cinco sencillos puntos (y funciona):

1. Conseguir la información pertinente.
2. Pensar en el tema lo más profundamente que se sepa.
3. Tomar la decisión.
4. Desterrarla de la mente, a no ser que salga a la luz *nueva* información pertinente.
5. En caso afirmativo, reconsiderar el asunto, revisar la decisión, si es necesario, y después, ceñirse a la misma.

Conociéndose a uno mismo, tal vez se llegue a pensar que esto parece una disciplina rígida e imposible. No lo es. Intente llevarlo a la práctica y, al cabo de unas semanas, comprobará que lo utiliza continuamente.

Finalmente, con respecto a la indecisión, todos sabemos que los ejecutivos son, en conjunto, *demasiado* decididos y la mayoría actuamos a veces sin reflexionar porque tenemos prisa o porque nos apetece. Nada de lo dicho anteriormente implica que el hecho de tomar una decisión cualquiera sea mejor que no tomar ninguna: ni mucho menos. El propósito de la técnica de Benjamin Franklin, y de todas las restantes sugerencias, ha sido ayudarle a analizar los componentes de sus

[1] Hay traducción: *La conquista de la felicidad,* Espasa-Calpe, Madrid, Col. Austral.

decisiones, de manera que pueda llegar a una solución que sea adecuada para la situación y para usted mismo.

La mayoría de los altos ejecutivos se tienen por bastante precavidos, lentos a la hora de tomar decisiones. Por supuesto, no lo son: su habilidad consiste en actuar con tanta rapidez como requieran las circunstancias y en tomarse tanto tiempo para decidir como las circunstancias se lo permitan. Desde el punto de vista del consejo de Bertrand Russell, pueden pasarse días o, incluso, semanas, pensando profundamente una decisión, sabiendo que es más importante no equivocarse que ir deprisa.

Bob Jacoby, el dinámico presidente de la agencia de publicidad Ted Bates, que hizo de Bates la segunda agencia del mundo en importancia, creó un sistema personal y muy eficaz, mezcla de lista de acciones y recordatorio de decisiones. Apunta en un trozo de papel cualquier decisión importante, no ya en forma de nota (por ejemplo, «absorción de BAM»), sino como una pregunta que requiere una respuesta («si no podemos rebajar el precio de la absorción de BAM, ¿deberíamos seguir adelante?»). Lleva en el bolsillo una pequeña colección de estas notas, a veces saca una al azar y se concentra un rato en ella. A juzgar por su capacidad de decisión y su éxito, el sistema ha demostrado que es realmente bueno.

Cómo vencer la pereza

¿Sospecha que usted es indeciso y posterga sus decisiones porque, en el fondo, la verdad es que..., bueno, es perezoso? ¿Qué todas estas normas y directrices son buenas para gente de gran energía y dedicación, pero que usted, en el fondo, es básicamente indolente, y esta enfermedad no puede curarse a base de normas y directrices?

En primer lugar, no creo que sea tan perezoso. De lo contrario, no estaría leyendo este libro; no habría llegado hasta aquí si no estuviera listo, deseoso y capacitado para mejorar. En segundo lugar, la gran mayoría de las personas realmente diligentes —incluyendo los trabajoadictos— se creen lentos (porque ellos, mucho más que los verdaderos lentos, son totalmente conscientes de cuánto podrían llegar a hacer sólo con esforzarse más). Así pues, probablemente sea usted mucho menos perezoso de lo que piensa. Tercero —y esto es lo esencial del problema de la pereza— a no ser que usted se pase literalmente la mayor parte de su tiempo libre tumbado o dormido, lo probable es que esté tan lleno de energía como cualquier otra persona, pero no libera sus energías en el trabajo.

Por ejemplo, hace algunos años me vi obligado a despedir a un ejecutivo de altura, debido a que su pereza sobrepasaba con mucho el nivel de aceptabilidad. Naturalmente, le dije por qué le echaba y rebatió mi argumento con vehemencia. Me recordó que era un apasionado jugador de golf. La mayoría de las tardes estivales, salía corriendo hacia su casa y jugaba hasta la noche; todas las mañanas se levantaba al alba para practicar, hasta la hora de entrada al trabajo; los fines de semana jugaba once o doce horas diarias. Entonces, ¿cómo podía llamarle vago?

Sí, él tenía razón, *no era* vago. Sí, yo tenía razón, *era* vago en el trabajo. En una palabra, la pereza raras veces es —como casi todo el mundo cree— un problema de energía: es un problema de *motivación*. En realidad, algunas personas parecen tener más energía que otras, pero 999 veces de cada 1.000, es más su empuje que su vigor lo que les hace ser dinámicas. A pocos adolescentes, que muestran una flojedad aburrida en la oficina día tras día, les cuesta reunir ánimos para ir a bailar hasta el alba, noche tras noche. Así pues, si usted se considera vago en el trabajo, cabe la posibilidad —rayana en la certidumbre— de que no le guste demasiado, de que no esté motivado, que más valdría que se dedicara a otra cosa.

Con frecuencia, el problema es un círculo vicioso: usted se siente ineficiente e indeciso en el trabajo, por lo que su subconsciente le impide entregarse a tope, por lo que pierde dedicación y estímulo, por lo que aumenta aún más la ineficiencia y la indecisión... Si su falta de motivación es el resultado de las razones que forman este círculo vicioso, este libro podrá ayudarle a romper la cadena y a ser más eficiente y decidido.

No obstante, el problema normalmente es más grave: usted se encuentra en un trabajo inadecuado, o en un trabajo adecuado en unas circunstancias inadecuadas (está a mal con su jefe, o su empresa atraviesa un bache, o cualquier otra razón que le frustra). En cuyo caso, éste es el momento de decidirse, el momento de confeccionar una lista de pros y contras sumamente seria. El trabajo no siempre puede ser divertido (¡si lo fuera, no le pagarían por él!); pero si lo encuentra tan carente de motivación que le convierte en un ser decaído y perezoso, es que algo va mal y puede ser éste el momento del cambio.

Una vez dicho todo esto, sólo un simplón que viera el mundo color de rosa diría que los ejecutivos no son, en su mayoría y de vez en cuando, indolentes; y la mejor manera de reducir al mínimo esa pereza a la que puede ser propenso, es fijar fechas de terminación para las principales tareas de su lista maestra.

No es necesario que sus fechas personales de terminación coincidan con las de la empresa (y es preferible que no coincidan). Procure tener las cosas hechas con un día o dos de antelación. Esto también puede sonar utópico, dada la presión en el trabajo, pero no lo es. Si el presidente pidiera que el informe estuviera listo uno o dos días antes, de un modo u otro lo tendría. Una de las artes de la supereficiencia es asegurarse que las propias instrucciones a uno mismo tengan tanto peso como las del presidente.

CONSEJO: Una vez que se haya fijado a sí mismo una fecha particular de terminación, informe a un par de colegas pidiéndoles que echen una ojeada rápida al trabajo cuando esté hecho (en su fecha particular, por supuesto). Entonces se verá obligado a presentar excusas a sus compañeros, así como a su conciencia, si no lo entrega a tiempo.

Cómo hacer frente a situaciones desagradables

Una de las causas más frecuentes de la postergación es la desgana ante el hecho de enfrentarse a situaciones desagradables. Éstas suelen ser:

— decir a alguien que no puede hacer, o tener, algo que desea muchísimo,
— decir a alguien que su actuación no es satisfactoria y ha de mejorarla.

Nos resistimos a tales enfrentamientos porque sólo a los ejecutivos más sádicos y locos por el poder —que son pocos, a pesar de lo que contrariamente suponen los novelistas ingenuos— les agrada ser motivo de desgracias, y porque tenemos tan poca práctica o formación respecto a tales situaciones, que tendemos a sentirnos inseguros ante nuestra capacidad de hacerlas frente. Como resultado, éstas se convierten —al igual que ir al dentista— en situaciones que se van retrasando al máximo. Hoy en día, la mayor parte de los altos ejecutivos, en particular los norteamericanos, lo reconocen. Por lo tanto, consideran como parte de sus funciones de trabajo perseguir a sus subordinados para que lleven a cabo tareas desagradables, pero necesarias, sin excesivo retraso. Puede apuntarse muchos puntos si no espera nunca a que le persigan.

Antes de emprender dichas tareas, el primer paso esencial, que se olvida con harta frecuencia, es informarse extensamente. Casi siempre, la otra persona pretenderá refutar su argumento y, puesto que el caso será de mayor interés para ella que para usted, habrá pensado y sabrá más sobre el mismo. Debe conocer al dedillo detalles concretos, no generalidades (por ejemplo, no dirá «Suele usted llegar muy tarde después de comer», sino «Ha llegado más de cuarenta y cinco minutos tarde después de comer, nueve veces durante las últimas cuatro semanas»). Si se basa en generalidades, la discusión resultará irritante y se verá obligado a demostrar su superioridad.

Una vez que esté totalmente informado, ha de definir los objetivos del enfrentamiento. Probablemente —en especial si sólo está rechazando una petición sincera— no deseará desmotivar a la persona. Por el contrario, le gustará que ella acepte lo que usted tiene que decir, pero no que salga de su despacho totalmente abatida y descorazonada. Éste es un tipo de comunicación extremadamente difícil de lograr, pero presentamos a continuación algunas de las formas de actuación que se pueden adoptar, según han demostrado los estudios de los psicólogos:

— *Esfuércese en ser justo.* Procure contenerse, guardarse algunos ases en la manga; dé a entender que podría ser más duro y crítico, pero que es comprensivo con los problemas y, por lo tanto, no desea ser excesivamente severo.
— *Critique los actos, no a las personas.* Si quiere que sigan motivados, es vital no minar su confianza y entusiasmo. Especifique costumbre y actos que pueden cambiar, no rasgos de la personalidad, que probablemente no pueden.
— *Domine sus expresiones no verbales.* Ya hemos visto que las formas de comunicación no verbal suelen decir más que las palabras; esto es especialmente cierto durante las críticas y enfrentamientos, cuando la gente busca minúsculos resquicios de tranquilidad y apoyo. Sin subestimar la gravedad de la situación, sonría con la mayor frecuencia posible.
— *Presente sus observaciones dentro del contexto adecuado.* Haga alusión a la filosofíaa, normas generales y reglas de la empresa o a la situación comercial que atraviesa, para que la persona pueda ver la lógica de su comentario y aceptar el hecho de que no es un ataque personal.
— *Empiece con una exposición corta y sencilla.* La inquietud y la incertidumbre pueden hacer que, incluso los ejecutivos con mayor capacidad de expresión fallen en tales ocasiones, con resultados desastrosos. Como hemos visto antes, la gente considera extremadamente duro aceptar y comprender la crítica, y la falta de claridad puede ser causa de una total confusión.

— *No se precipite.* Después de una exposición corta y sencilla, es importante dejar tiempo suficiente para tratar el asunto sin prisas; en particular, a efectos de que la persona que sufre el ataque piense que ha tenido un amplio margen de tiempo para defenderse.
— *Intente obtener la conformidad de su interlocutor.* Sin intimidar, esfuércese en conseguir la conformidad de la otra persona, al menos en general, con respecto a lo que usted ha dicho. Si no está dispuesta a mostrarse de acuerdo con usted en su presencia, lo más seguro es que salga del despacho con rencor, el cual brotará posteriormente como las plantas tropicales en un invernadero.
— *Anímele a presentar sugerencias.* A no ser que su interlocutor se haya mostrado conforme con usted, no hará ninguna sugerencia respecto a la forma en que puede mejorar su actuación (o puede emprender un nuevo plan); y es mucho más probable que se guíe por sus propias sugerencias a que acepte las de usted.
— *Resuma las conclusiones.* Puesto que dichas reuniones son especialmente emotivas, es crucial resumir lo que se ha acordado y lo que va a suceder ahora, de manera amable, comprensiva y entusiasta.

Finalmente, cuando el triste acontecimiento haya concluido, haga como Kenneth Blanchard y Spencer Johnson aconsejan en su famoso manual *The One Minute Manager* [1]: levántese, acompañe a la persona hasta la puerta, tenga con ella algún tipo de contacto físico a modo de aliento (pasarle el brazo por el hombro es el mejor). Puede parecer molesto, pero hace maravillas en toda persona que acaba de recibir un golpe.

Antes de dar por finalizado este capítulo con el último tema referente a la postergación, es decir, las discusiones acerca de dinero, vale la pena mencionar otra tarea desagradable: el despido.

Muchas de las directrices relativas al despido de un empleado son similares a las mencionadas anteriormente (aunque no puede aprender que, al salir de su despacho, la actitud de una persona a la que ha despedido no sea de desaliento):

— Esfuércese en ser justo.
— Critique los actos, no a las personas.
— Domine sus expresiones no verbales.

[1] Kenneth Blanchard y Spencer Johnson, *The One Minute Manager,* Fontana, Londres, 1983. (Hay traducción: *El ejecutivo al minuto,* Grijalbo, Barcelona).

— Presente sus observaciones dentro del contexto adecuado.
— Empiece con una exposicón corta y sencilla.
— No se precipite.
— Intente lograr la conformidad.

Sin embargo, con respecto al despido, hay dos puntos adicionales que debemos tener siempre en cuenta:

1. *Por mucho que una persona suponga que va a ser despedida, siempre le sorprenderá.* Es síntoma de la notable capacidad que tienen los seres humanos de encerrar ideas contradictorias en la mente: saben que va a suceder pero no pueden imaginar que realmente suceda.
2. *Una vez que haya abandonado la empresa, se sentirá amargado y pensará proceder por la vía legal.* Por muy razonable que aparentemente sea su reacción inicial, pronto y de forma comprensible empezará a sentir rencor, y es prácticamente seguro que consulte con su asesor legal. Así pues, sea extremadamente prudente para no decir cosas que pudieran utilizarse como prueba contra usted o su empresa.

En las empresas suele oírse: «Pobre Fulano, se toma a mal las críticas.» Casi siempre lo dice alguien que recientemente no ha sido objeto de críticas. Todavía no conozco a una persona que se las tome a bien. No es una de las pequeñas debilidades de la humanidad. Si tiene en cuenta que no es nada excéntrico o anormal el sentir aversión por la crítica, aprenderá a enfrentarse a las tareas más desagradables con humanidad y destreza y sin darles largas.

Las discusiones acerca de dinero

A ciertas personas les encanta discutir acerca de dinero, pero a la mayoría nos disgusta y sólo lo hacemos por tolerancia. Ésta es la razón por la cual tantas empresas tienen actualmente departamentos de compras independientes que luchan por los precios, incluso después de haber sido aceptados por los directores de línea responsables de la compra. Los jefes de los departamentos de compras son personas que no tienen un interés o entusiasmo particulares en el proyecto, no tienen relación personal con el proveedor y les encanta regatear. Sin embargo, con o sin departamento de compras, todos los ejecutivos tienen que pelear alguna vez por dinero y, puesto que les disgusta hacerlo, dichos temas normalmente van al final de la lista maestra.

Al igual que con otras tareas desagradables, el regateo resultará menos doloroso si se ciñe a algunas normas sencillas; y, al igual que con otras tareas desagradables, es esencial contar con una extensa información por adelantado. Si empieza a discutir sobre dinero sin estar en posesión de todos los datos, puede apostarse el margen de beneficio que a usted le quede, contra el descuento de ellos, a que pierde. No obstante, a diferencia de otras tareas desagradables, se sentirá mejor si se lo toma como un juego: un juego serio, en el que usted está dispuesto a ganar.

Presentamos a continuación algunas tácticas para ayudarle a lograr la victoria:

— *Inicie el regateo.* Si empieza pidiendo que el precio se rebaje dos millones de pesetas, su oponente pensará que es una necedad responder con una contraoferta de unos cuantos miles de pesetas. Es una conocida táctica que normalmente utilizan los sindicatos durante las negociaciones salariales.

— *Critique algo.* Incluso la pega más diminuta, como un agujero en un dique, puede abrir una buena brecha en el planteamiento de su oponente; busque cualquier granito que pueda irritar con una hábil rascadura.

— *Manténgase firme.* Como la otra persona se siente probablemente tan violenta como usted por la discusión, es posible que triunfe la perseverancia testaruda.

— *Dé poco, tome mucho.* El hecho de entregar una baratija sin valor, para demostrar que usted es racional, puede ayudarle a ganar las joyas de la corona.

— *¡Qué risa!* A los que se dedican en EE. UU. a la compraventa de cohes de segunda mano se les enseña que deben echarse a reír en el momento en que les presentan un coche para comprar; esa risa tiene un efecto deprimente que puede transtornar incluso al más confiado adversario.

— *Hágales reír.* Las investigaciones de los psicólogos Karen O'Quin y Joel Aronoff [1] han demostrado que, en las negociaciones de tipo económico, conseguirá un precio mejor si rompe las defensas de sus oponentes haciéndoles reír; es difícil ser duro cuando se ríe a lo tonto.

— *Hágales competir entre ellos.* Si la negociación se encuentra en una fase suficientemente prematura, recuerde amablemente a su

[1] Karen O'Quin y Joel Aronoff, en *Social Psychology Quarterly,* EE.UU., vol. 44, núm. 4, 1981.

oponente que no es el único en el mundo; un toque oportuno de celos suele dar resultado.

— *Invada su territorio.* En oposición a la creencia general, casi siempre resulta ventajoso encontrarse en el terreno contrario: ellos se sentirán más importantes, estarán más relajados y, por lo tanto, serán más susceptibles a las artimañas de usted, y, caso de no ser así, a usted le resultará más fácil batirse en retirada.

Una vez comentadas las tácticas, unas palabras sobre el estilo. Al discutir temas de dinero ¿debe mostrarse agresivo o firmemente reconciliador? Los profesores de Harvard, Roger Fisher y William Ury, probablemente los investigadores sobre negociaciones con más experiencia del mundo, han definido así los dos estilos [1]:

Reconciliador	*Agresivo*
— Los participantes actúan amigablemente; el objetivo es llegar a un acuerdo.	— Los participantes son adversarios; el objetivo es la victoria.
— Haga concesiones para cultivar la relación.	— Pida concesiones como condición para la relación.
— Sea flexible con las personas y con el problema.	— Sea duro con las personas y con el problema.
— Confíe en los demás.	— Desconfíe de los demás.
— Cambie su postura fácilmente.	— Manténgase en su postura.
— Haga ofertas.	— Haga amenazas.
— Desvele su intención última.	— Evite que se descubra su intención última.
— Acepte las pérdidas unilaterales para llegar a un acuerdo.	— Pida ganancias unilaterales como precio del acuerdo.
— Busque la única respuesta: la que ellos aceptarán.	— Busque la única respuesta: la que usted aceptará.
— Insista en llegar a un acuerdo.	— Insista en su postura.
— Intente evitar una contienda verbal.	— Intente ganar una contienda verbal.
— Ceda a la presión.	— Aplique presión.

[1] Roger Fisher y William Ury, *Getting to Yes: Negotiating Agreement Without Giving In,* Hutchinson & Co., Londres, 1982.

El objetivo de separar estos dos estilos opuestos de negociación, como vimos con los tigres y los zorros en los diferentes estilos de venta, es demostrar que ninguno es perfecto de manera exclusiva y universal. El estilo que usted utilice dependerá de su personalidad y de si lo que está en juego es un asunto único e irrepetible, o es parte de una relación continuada. Las grandes autoridades en negociaciones están de acuerdo en que uno puede permitirse el lujo de ser más agresivo en las negociaciones irrepetibles que en aquellas que comporten una continuidad.

Sin embargo, la aportación principal de Fisher y Ury al arte de la negociación financiera es el «madán». El «madán» es la «*m*ejor *a*lternativa *d*e un *a*cuerdo *n*egociado». Es la postura de retirada que, en cualquier batalla financiera importante deberá haber sido definida de antemano. Como dicen Fisher y Ury:

> Un profundo examen de lo que hará en caso de no llegar a un acuerdo, puede fortalecer sobremanera su postura. Las buenas alternativas no están ahí sentadas esperándole; normalmente tiene que desarrollarlas. La generación de posibles «madanes» requiere diferentes operaciones: 1) perfilar una lista de medidas que comprensiblemente pudiera tomar si no se llegara a ningún acuerdo; 2) mejorar algunas de las ideas más prometedoras y convertirlas en opciones prácticas, y 3) elegir, provisionalmente, aquella opción que parezca mejor.

Los entusiastas ingenuos considerarán excesivamente pesimista el hecho de empezar a desarrollar los «madanes» antes de que den comienzo las negociaciones: «Mantente firme y confía en ganar» es su grito de guerra. Tonterías. En las negociaciones, el exceso de optimismo es siempre una estupidez. «Cuanto mejor sea su "madán", mayor será su poder», según Fischer y Ury, y yo que he recurrido a los «madanes» desde que conocí el sistema por primera vez, les apoyo.

Desarrollar los «madanes» es una de las tácticas del juego que, junto con iniciar la oferta, hacerles reír, invadir su territorio y todo lo demás, le ayudará a eliminar el malestar que le produce tener que discutir temas de dinero. En realidad, con su ayuda se hará tan diestro en el juego que siempre ganará y es posible que acabe disfrutando de él.

Ningún ser inteligente puede sostener que es fácil eliminar la postergación; en realidad, ninguna persona inteligente diría que, para los seres humanos —independientemente de su grado de supereficiencia— es posible erradicar totalmente de su vida la postergación. Desde el último de los empleados hasta el presidente y el director general, todos damos largas a los problemas alguna vez, al igual que, de forma ocasional, sentimos pereza durante las horas de trabajo. De manera similar, como vimos al principio del capítulo, todos somos extraordinariamente decididos en innumerables asuntos cotidianos.

Así pues, la diferencia entre el supereficiente y los demás no es de clase sino de grado; y la consecuencia lógica es que usted puede aprender fácilmente a establecer prioridades, a ser más decidido, a superar la pereza y a enfrentarse a las tareas desagradables si hace frente a la situación y decide diligentemente considerar el establecimiento de prioridades un asunto prioritario.

CAPÍTULO 4

DOMINAR LOS DATOS

La gestión de datos es uno de los aspectos de la vida moderna que presenta un desarrollo más rápido, convirtiéndose día a día en un campo cada vez más refinado y especializado. Y este libro —como ya habrá quedado patente— no va dirigido a especialistas. Así pues, este capítulo no se ha escrito para directores de proceso de datos y consultores de ofimática. Al igual que el resto del libro, pretende ayudar a las personas no especializadas a hacer frente, y dominar, a la creciente masa de informes, hojas de ordenador, análisis de ventas y proyectos financieros que actualmente se atascan en la mesa, en el portafolios y en la mente de todo ejecutivo, poniendo en peligro la propia supervivencia del pensamiento creativo libre de trabas.

La jungla de papel

«El mejor amigo del hombre es su papelera», declaró sarcásticamente la revista *Business Week* hace algunos años; y esta máxima encierra una de las eternas verdades de la vida empresarial; como todo buen ejecutivo, cada papel debe tener una meta que alcanzar. Por lo tanto, ¿a qué se debe que la mayoría de las mesas de despacho de los ejecutivos estén hasta los bordes de papeles sin rumbo? Sencillamente, a que muchos ejecutivos no han traído un machete a la jungla de papel.

Como ya dijimos al hablar de la postergación, resulta difícil, o incluso imposible, dominar por completo algunos aspectos de la superficiencia. Pero no hay excusa para dejarse atrapar en la jungla de papel. La prueba: muchas compañías insisten en que todos los ejecutivos dejen cada tarde la mesa limpia, y los nuevos empleados aprenden en un momento a acatar las normas, sin asistir a un largo curso de formación, ni sufrir una depresión mental traumática en el proceso.

Da la casualidad de que el hecho de dejar todas las tardes la mesa del despacho limpia no es prueba de supereficiencia. (En realidad, el excelente director general de una de las principales compañías japonesas instaladas en Gran Bretaña se muestra muy receloso de las mesas escrupulosamente limpias; tiene la impresión de que no pasa casi nada.) Con objeto de acatar la regla de la mesa limpia, algunos ejecutivos meten todos los papeles sueltos en un cajón todas las tardes y después, todas las mañanas, pierden el tiempo clasificándolos. No es así como se hace.

La forma de hacerlo es aplicar el precepto de que cada papel debe estar en su sitio, creando un sistema de colocación para seleccionar y clasificar sus papeles. El mejor es el sistema de colocación de las seis des:

Dividir los Documentos { Despachar / Delegar / Demorar / Desechar

Empezando por el final, y de acuerdo con el *Business Week,* es probable que pueda desechar sin ningún peligro muchos de los documentos que se esparcen por su mesa, y debe hacerlo porque, de lo contrario, los pocos que sean vitales e importantes se perderán en un marasmo de porquería.

Pregúntese si es posible que alguna vez vuelva a consultar el documento; pregúntese si nadie más va a archivarlo; pregúntese si pasará algo espantoso si lo tira. A no ser que obtenga dos respuestas afirmativas a estas tres preguntas, tírelo a la papelera.

Gran parte de lo que no puede tirar puede, y debe, demorarlo. Estos no son aplazamientos debidos a la postergación, sino retrasos deliberados, con objeto de evitar que cada papel recién llegado le obligue a ir dando saltos de un tema a otro a la buena de Dios. Deje aparte las cartas y comunicados sin importancia, los documentos largos que tenga que estudiar detenidamente y con tranquilidad, la publicidad inútil a la que desee echar una rápida ojeada cuando tenga un momento libre, las revistas del sector tras haber leído los titulares de un salto y las hojas de ordenador que requieran un análisis detallado pero no urgente.

Pero «dejar aparte» no significa formar en su mesa un montón desordenado y revuelto. Sólo puede colocar estos documentos correctamente si tiene una serie de «zonas de aparcamiento» destinadas a tal fin; lo ideal es una pila de bandejas archivadoras o de carpetas colgantes en un cajón de suficiente capacidad.

> CONSEJO: Deje abierto su protafolios junto a la mesa e introduzca en él los documentos, como informes y revistas del sector, que quiera leer por la noche. En principio, no hay razón para dejarlos en la bandeja de asuntos pendientes, como hacen muchos ejecutivos, y perder después el tiempo examinándola otra vez para terminar metiendo los documentos en su portafolios.

Un sistema particularmente útil de archivo aplazado, con frecuencia denominado el «archivo recordatorio», es un archivo de fuelle con 31 secciones (o algunas más), cada una de ellas numerada para un día del mes, del 1 al 31. (Si tiene usted que manejar un volumen especialmente amplio de papeles, es posible que necesite 31 archivos individuales, pero resulta más sencillo utilizar un archivador de fuelle.)

Entonces, escriba en el documento la fecha en que va a examinarlo y métalo en el archivador de fuelle, o pídale a su secretaria que lo haga. Todas las mañanas o, aún mejor, la tarde anterior, usted o su secretaria revisarán el archivador para ver cuáles son los documentos que deben examinarse ese día. El sistema, que es prácticamente infalible, puede utilizarse para preparar documentos con varios meses de antelación. Supongamos que hoy es 31 de enero y que usted escribe 15 de abril en el documento, y que después lo deposita en la sección del 15. Lo verá el 15 de febrero, el 15 de marzo —lo que hará que se acuerde de su existencia— antes de sacarlo, por fin, en abril.

Una vez que su archivador de fuelle funcione con eficacia, puede escribirse notas, fecharlas y contar con que volverán a usted en la fecha especificada. Dicho sea de paso, un ordenador personal puede ser un archivo recordatorio ideal.

Volviendo al sistema de colocación de las seis des, hasta ahora hemos visto los documentos que pueden desecharse y demorarse; veamos aquellos que pueden delegarse.

Es inevitable que muchos de los papeles que llegan a su mesa tengan que pasar inmediatamente a otra persona más adecuada. Sin embargo, siempre es aconsejable tomar nota de los mismos, pues hay muchas probabilidades de que se le haga a usted responsable de cualquier fallo si la persona a quien se los ha pasado no los gestiona adecuadamente.

Para lograr una mayor eficiencia, debe procurar delegar todo el papeleo posible antes de que llegue a su mesa. Una secretaria inteligente puede ser, lógicamente, un filtro magnífico (aunque para ella es igualmente importante anotar todos los documentos que pase a otras personas, ante la posibilidad de futuras preguntas).

Además, usted debe «delegar» suprimiendo su nombre de todas las listas de distribución posibles. Parece ser que, para los responsables del reparto de revistas del sector, informes de dirección, actas de reuniones y multitud de otros informes, es —misteriosamente— una cuestión de orgullo y prestigio el que sus listas estén pobladas de miles de personas. Tal vez creen que esto hace que su trabajo valga la pena; y, tal vez, esta sea la razón por la cual se sienten tan reacios a dejarle escapar, una vez ha caído en la trampa de una de sus listas. No obstante, los problemas que ellos tengan no lo son de usted. Siempre que pueda, delegue en otros la lectura de documentos valiosos, pero normales, y pida que le envíen sólo extractos y resúmenes de lo que sea importante para usted.

Ahora ya ha pasado el machete por gran parte de la jungla de papel, dejando sólo aquellos documentos que debe «despachar», documentos de los que ha de ocuparse más o menos inmediatamente. En unos casos podrá escribir o dictar respuestas inmediatas, otros podrá despacharlos con respuestas escritas previamente (véase capítulo 1), pero en muchos casos necesitará información adicional antes de poder ocuparse de ellos.

Ponga inmediatamente en marcha la consecución de dicha información, por teléfono o por memorandos; después, pase los documentos a un archivo de acción, que debe ser como un campo de paso —o como los ascensores de un aparcamiento de varias plantas— donde las cosas nunca permanecen mucho tiempo antes de salir hacia su destino. Recuerde que todos los papeles deben tener un sitio adonde ir; el archivo de «despachar» es sólo para paradas temporales.

Finalmente, en nuestro mundo real, algo menos que utópico, habrá siempre papeles que lleguen a nuestras mesas y no puedan colocarse en el sistema de las seis des; papeles que planteen problemas que no sepamos cómo resolver. Estos documentos difíciles pueden guardarse bien en el archivo de «despachar», donde sabe que le estarán esperando con la cabeza levantada, bien en un archivo especial (que podría denominar «de asuntos delicados» en vez de «recordatorio»).

Al igual que con los trabajos desagradables, debe obligarse a despachar tales documentos sin excesiva demora, pues seguro que, si no lo hace, se quedará atascado. Y la mejor manera de incitarse a la acción es marcar el documento con un punto rojo cada vez que lo vea, pero no tome medidas al respecto. Deje que se acumulen tres puntos rojos, pero no más. La cuarta vez que lo mire, no haga ninguna otra cosa hasta haber decidido cómo despacharlo e iniciado el proceso necesario. De lo contrario, seguirá dándole largas indefinidamente (y acabará atascado).

> CONSEJO: Cuando no resulte vital contestar con una carta mecanografiada, escriba a mano una breve respuesta (¡pero que sea legible!) en la carta recibida, saque una fotocopia para su archivo y envíe el original.

El archivo

Nos referimos aquí a su archivo personal, no al archivo de la empresa o de su despacho, que debe ser responsabilidad de otros. Es preciso que todo ejecutivo eficiente tenga a mano un pequeño juego de archivadores de cosas importantes, confidenciales y de uso frecuente.

Y la palabra adecuada es «pequeño». Siguiendo el consejo anteriormente dado, yo he tirado, a lo largo de mi carrera, la mayor parte de los documentos tras haberlos leído, confiando en que otros personas archivarían sus copias: jamás se ha producido ni el más mínimo problema. Como resultado, mis archivadores personales han sido siempre pequeños y han estado escasamente poblados. La consecuencia de esto es que, normalmente, recuerdo con exactitud los documentos que contienen y los encuentro rápidamente.

En contraste con esto, todos hemos visto a más de un ejecutivo abriéndose camino por innumerables carpetas y montones de papeles, buscando en archivadores abarrotados y cajón tras cajón, para terminar derrotados y desesperados, porque los papeles que habían guardado cuidadosamente en algún sitio, no aparecen por ninguna parte. Si no va a poder encontrar un documento, es mucho mejor que se convenza de ello deprisa.

La preparación de un sistema de archivo eficaz depende del método de clasificación. En la mayor parte de los sistemas de archivo hay un buen número de secciones vacías o con una sola hoja, y otro grupo de secciones llenas hasta rebosar. Esto significa que la persona que ideó el sistema no tuvo en cuenta las clasificaciones que iban a usarse.

La función de un sistema de archivo no es almacenar, sino recuperar. Si no olvida este punto al definir y poner el nombre a las secciones, logrará crear un sistema supereficaz. El hecho de que éste sea su propio sistema personal quiere decir que no es preciso que los títulos tengan algún significado para los demás (crear un sistema para otros es mucho más complicado).

La cuestión de archivar alfabéticamente por clientes, o alfabéticamente por proyectos, o numéricamente por número de trabajos, o como sea, dependerá de la naturaleza de su trabajo. Cualquiera que sea el sistema que elija, recuerde que los títulos o la clasificación son la base del sistema: a no ser que le resulte sencillo, claro y comprensible, nunca estará seguro de en qué sección debe colocar las cosas o, consecuencia inexorable, de en qué sección colocó las cosas.

Finalmente, tres puntos adicionales que harán que su archivo funcione con mayor eficacia:

1. *Referencias.* Los ordenadores, por supuesto, son ideales para las referencias, pero usted puede imitarlos a su manera, garabateando siempre referencias potencialmente útiles en cada documento, mientras las tenga frescas en la cabeza, antes de archivarlos; con esto se ahorrará un montón de tiempo posteriormente.
2. *Codificación por colores.* Utilice archivadores de distintos colores para separar temas, o proyectos, o años.
3. *Limpieza de primavera.* Por muy ocupado que esté, debe repasar todo el sistema, al menos una vez al año, y tirar todos los documentos que se hayan quedado obsoletos. Si no ha permitido que los archivadores se atiborrasen en exceso, no necesitará más de un par de horas, como máximo. Inevitablemente, esto también servirá para recordarle las dos o tres cosas que había olvidado pero que, al parecer, ahora merece la pena resucitar.

Leer menos con más eficiencia

La gente lee, por término medio, unas 200 palabras por minuto y retiene el 40 % de lo que lee. Asistiendo a un curso de lectura rápida, se puede incrementar la media a 600 palabras por minuto y el índice de retención, al 70 %. Por desgracia, la experiencia ha demostrado que, a no ser que se obligue usted mismo a entrenarse continuamente, utilizando las técnicas especiales de lectura rápida, volverá poco a poco a sus niveles normales de retención y velocidad. Sin duda, esto explica la razón por la cual los cursos de lectura rápida, que hicieron furor en los años sesenta y principios de los setenta, ya no están tan de moda.

Sin embargo, algunas de las técnicas básicas de lectura rápida pueden ser inapreciables para cualquier ejecutivo que crea que hay más papeles que examinar que minutos tiene el día. En primer lugar, y lo más importante, aprenda a ver las cosas de una ojeada.

Al entrar en una habitación, sus ojos y su cerebro captan el conjunto, una impresión general del contenido, sin asimilar el detalle. Tras permanecer unos minutos en la habitación, se fijará mucho más en el detalle, especialmente en las cosas de particular interés o importancia para usted: una fotografía de alguien a quien tal vez conoce, o unos muebles parecidos a los suyos, o unas cortinas que vio en una tienda a precio rebajado. Independientemente de lo observador que usted sea, no verá —o, al menos, no verá conscientemente— cada uno de los detalles de la habitación (cada una de las puntadas de la tapicería, cada mota de polvo), porque eso sería literalmente imposible.

La fórmula para la lectura de una ojeada es muy similar. Cuando reciba un informe o un documento por vez primera, pase la vista por él a toda velocidad, a fin de captar una impresión general del contenido, sin intentar asimilar el detalle. Después, repáselo rápidamente otra vez, dejando que sus ojos se detengan en las palabras o frases que parezcan interesantes o importantes; el mecanismo del ojo/cerebro humano es increíblemente rápido a la hora de reconocer palabras y números que tengan especial importancia para él. (¿Ha observado cómo su propio nombre parece saltar hasta usted desde la página de un periódico? De manera similar, ésta es la razón por la cual verá incluso un diminuto anuncio titulado «Calambres en el estómago» si resulta que usted los sufre.)

Ahora ya sabe cuáles son las partes del documento que es necesario leer atentamente (si es que hay alguna; muchos documentos van a parar a la basura al llegar a este punto), y cuáles puede pasar por alto. Marque aquellas que precisan de un estudio ulterior, con un rotulador transparente, o con un lápiz, al margen. Por supuesto, si usted es abogado y el documento es un contrato oficial, debe estudiar detenidamente cada palabra porque ése es su trabajo. Pero esas situaciones son la excepción, no la regla; todos sabemos que la mayoría de los documentos que leemos contienen pocas cosas importantes y, muchos de ellos, ninguna en absoluto.

Si desea leer aún más deprisa, presentamos otros dos consejos, extraídos de los cursos de lectura rápida:

— *Utilice un señalador.* Al igual que los niños utilizan el dedo para seguir la línea, ponga un lápiz o una regla bajo la línea y muévalo rápidamente. Se requiere un poco de práctica, pero diversos estudios han demostrado que el empleo de un señalador puede incrementar la velocidad de la lectura en un 100 %, así como mejorar la comprensión, el conocimiento y la memoria.

— *Reduzca la subvocalización.* Bisbisar las palabras en voz baja («subvocalización», lo llaman los psicólogos) es probablemente la traba principal para conseguir una lectura rápida. La fórmula para abandonar este hábito es empezar a mosconear mientras lee; al final, comenzará a leer sin subvocalizar las palabras, guiándose por la vista, no por el sonido (y podrá —porque le encantará leer— dejar de mosconear).

Lógicamente, un sistema sencillo para aumentar la velocidad de lectura es, como ya hemos visto en la sección del papeleo, que otras personas lean por usted, preferentemente personas especializadas en el tema —por ejemplo, abogados, contables, investigadores de mercado—, o sus subordinados, que pueden esperar «una buena» si dejan de llamarle la atención sobre cualquier tema importante, del cual usted debería estar informado.

De igual manera, suprimiendo su nombre de las listas de distribución innecesarias, incrementará infinitamente, por así decirlo, la velocidad con la que lea esos documentos. Sin embargo, en su admirable y comprensible determinación de leer menos con más eficiencia, debe tener cuidado para no pasarse de rosca (¡No iría a suponer que el autor de un libro excelente y clásico le sugeriría otra cosa!).

Una forma muy hábil de ocuparse de las revistas de temas empresariales, sobre todo de las más gordas, concebida por Christopher Collins, el dinámico director de Bidendum Wines, es echar una ojeada al índice y seleccionar el artículo —sólo uno— que más le apetezca leer. No se deje seducir por ningún otro, por muy bueno que parezca, o pronto se encontrará con ejemplares atrasados que obstruyen de nuevo su bandeja de entradas (todavía no ha leído ese otro artículo que parecía tan fascinante, en el número de diciembre, por lo que no hay razón para pasar a otro artículo...) y al final, frustrado, anulará su subscripción.

Para terminar, presentamos algunas reglas que le facilitarán la lectura de todo aquello que sea inevitable leer, e incrementarán su poder de retención:

— *Adoptar una postura cómoda.* Es aceptable leer con los pies encima de la mesa, pero no espere lograr una lectura rápida en esa posición; las posturas extrañas dificultan la circulación, y la concentración queda reducida. Es mejor leer sentado en posición vertical, en una silla con el respaldo recto, con el documento a unos 40 ó 50 centímetros de distancia, en ángulo de 45 grados, con todos los puntos equidistantes de los ojos.

— *Evitar la mañana después de la borrachera.* Si sabe que tiene un montón de cosas que hacer, no beba demasiado la noche anterior. No sólo *parece* más difícil leer con resaca, sino que *es* más difícil. El alcohol perjudica la visión cuando se bebe (beber doble, normalmente significa ver doble) y también después.

— *Programar el tiempo de lectura.* Es una gran pérdida de tiempo y un motivo de irritación verse constantemente interrumpido durante la lectura; se pierde la página, se pierde el hilo del argumento, se pierde la última frase y se pierden los estribos. Si está leyendo un tomo grueso, programe los tiempos en su agenda y no consienta interrupciones. Así su cerebro sabrá que está hablando en serio y se centrará de buena gana en su labor.

— *Crear un ambiente adecuado.* No deje papeles sobre la mesa, pues es posible que le distraigan. No lea con poca luz (todos lo hacemos de vez en cuando y es una tontería absurda). No tenga la temperatura muy alta. Las temperaturas por encima de los 18° C son soporíferas y no ayudan a la concentración.

— *Relajar los ojos.* Durante períodos de lectura muy largos, si levanta los ojos de vez en cuando y mira algún objeto distante, los músculos oculares se relajarán, lo que le ayudará a seguir leyendo sin cansarse. De manera alternativa, cierre los ojos y cúbraselos con las manos, de forma que se quede totalmente a oscuras; esto le producirá descanso y reposo.

Finalmente, si tiene una sesión de lectura especialmente prolongada, tal vez toda la mañana o todo el día, y si puede conseguir intimidad para ello en su oficina, o incluso en las duchas, dése el gusto de hacer unos cuantos ejercicios físicos sencillos: tocarse las puntas de los pies y girar los brazos. Esto mejorará la circulación y, por lo tanto, la concentración. La costumbre de los japoneses de que los empleados se tomen un descanso para hacer «ejercicios físicos» no es altruista; las empresas son muy conscientes de que, beneficiando así a los trabajadores, se benefician ellas mismas.

Brindemos por la memoria

Sacarle a la memoria el mayor jugo posible es uno de los fundamentos de la supereficiencia. Sin embargo, mientras que, al parecer, la cantidad de datos a resolver se incrementa exponencialmente todos los años, la capacidad de nuestra memoria para hacerles frente se reduce continuamente. La capacidad de aprendizaje se reduce a partir de los veinte y pocos años de edad, y la memoria empieza a perder fuerza a partir de los cuarenta.

Si tiene una memoria maravillosa y nunca se distrae, puede saltarse esta sección; no le hace falta. Si no está tan seguro de su memoria, puede resolver la cuestión respondiendo a este breve cuestionario de autovaloración:

Puntuación:	*Una vez al mes o más (3)*	*Varias veces al año (2)*	*Nunca (1)*
1. ¿Olvida dónde ha aparcado el coche?	....	....	....
2. ¿Olvida los cumpleaños, aniversarios, reuniones importantes u otros acontecimientos especiales?	....	....	....
3. ¿Va de compras y vuelve sin lo que había ido a comprar?	....	....	....
4. ¿Pide a la gente que le llamen por teléfono y después se olvida del motivo por el que llamó usted primero?	....	....	....
5. ¿Hace una cosa mientras piensa en otra?	....	....	....
6. ¿Sale de su casa para ir a algún lado y tiene que volver a por algo que se le ha olvidado?	....	....	....
7. ¿Coloca las cosas en lugares que no les corresponden, como las llaves en la nevera y la leche en el taquillón?	....	....	....
8. ¿Pierde el hilo de sus pensamientos?	....	....	....
9. ¿Hace algo más de una vez por haber olvidado que ya lo había hecho?	....	....	....
10. ¿Se queda tan absorto en sus pensamientos que pierde la noción de lo que le rodea?	....	....	....

Puntuación total	*Valoración*
0-10	¡Felicidades! Su memoria es tan buena que podría hacerle la competencia a un elefante. Puede saltarse esta sección.
11-20	Su memoria es muy buena pero podría mejorar; probablemente es víctima de la tensión de una vida ajetreada. Debe seguir leyendo.
21-30	Se está volviendo bastante distraído y olvidadizo, pero puede reducir al mínimo su falta de memoria entrenándola con alguna de las sugerencias que presentamos a continuación. Sin duda, debe seguir leyendo.

Dicho sea de paso, si usted sabe que lleva una vida excesivamente ajetreada, no se alarme en exceso si el test indica que su memoria es notablemente peor de lo que pensaba. Las estadísticas presentadas por los investigadores de la memoria han demostrado que, cuanto mayor es el número de situaciones en las que son posibles los lapsos de memoria, más lapsos de memoria se producen. En otras palabras, cuantas más cosas necesite recordar, más cosas olvidará.

Al ser la memoria una de las facultades humanas más complejas, vitales y fascinantes, ha sido materia de amplia investigación científica. Los investigadores han comprobado que la memoria no es una función única y homogénea, sino una compleja interacción de distintas funciones: memoria a largo plazo, subdividida en memorias episódica y semántica; memoria a corto plazo; memoria sensorial, o memoria icónica, como a veces se denomina, subdividida en memorias auditiva, visual y de otros sentidos, que posibilita, por ejemplo, tocar instrumentos musicales. A medida que las investigaciones científicas vayan avanzando, se descubrirán, sin duda, nuevas clasificaciones de la memoria.

Los investigadores, asimismo, han comprobado que dentro de la cabeza poseemos un sistema para clasificar, almacenar y recuperar información cuya capacidad, flexibilidad y velocidad son superiores, no sólo a las de cualquier ordenador existente, sino a las de cualquier ordenador que podamos imaginar.

Para demostrarlo, presentamos un pequeño test. ¿Conoce la palabra «gutiarro»? ¿No? No es sorprendente, puesto que no existe. ¿Cuánto tiempo ha tardado en darse cuenta de que no conocía esta palabra? Lo ha sabido al instante. Un ordenador perfectamente programado tendría que haber comprobado cada una de las palabras de su memoria y establecer negativamente que no había tal palabra; su memoria ha hecho lo mismo positivamente y al instante. El misterio es que, aunque usted sabe que no conoce la palabra «gutiarro», probablemente no sabe si al final envió ayer esa carta al señor Gutiérrez, o ni siquiera de qué color es la corbata que lleva puesta.

Por desgracia, pero tal vez sin sorpresa, las pruebas que aportan las más modernas investigaciones indican que no se puede cambiar la potencia global de la memoria. Sin embargo, no hay duda de que usted puede entrenarla para que sea más eficaz, como hacen los actores jóvenes cuando aprenden a memorizar los papeles. Las siguientes recomendaciones le sugieren formas de utilizar su memoria con vistas a lograr un máximo de eficiencia, de memorizar las cosas que necesite en lugar de la profusión de fruslerías inconsecuentes que su mente, al parecer, disfruta en recopilar cuando se la deja a su aire.

El primer consejo, y el más crucial, que ya ha surgido una y otra vez, es eliminar la tensión de su cerebro creando rutinas sencillas que le permitan recordar una cosa en vez de muchas. Éste es el fin básico de las agendas y listas maestras, de los análisis para tomar decisiones y los archivos recordatorios; simplemente se acuerda de hacer una cosa —mirar la lista maestra— y luego los ojos sustituyen a la memoria. Y si puede convertir este acto en un hábito rutinario —mirar la lista maestra todas las mañanas debe convertirse en una costumbre tan normal como ponerse los zapatos—, es otra carga más que deja de pesar en las espaldas de su memoria.

Según prueban las investigaciones, cuanto menos cargue la memoria, mejor podrá enfrentarse al resto de las tareas y podrá reducir al mínimo sus olvidos y distracciones.

La distracción comprende tres tipos de olvido:

— olvidar dónde se dejan las cosas;
— olvidar acontecimientos venideros;
— olvidar lo que se está haciendo en ese momento.

Para ayudar más a su memoria, vamos a examinar estos puntos uno a uno.

Olvidar dónde se dejan las cosas

Es más probable que recuerde dónde deja las cosas si sigue estos consejos:

— *Cuente con un sitio para cada una de ellas.* Como vimos antes, ésta es la función de los sistemas de archivo (recuperar, no almacenar), pero puede adaptarse a innumerables aspectos de la vida laboral, con importantes ventajas en lo que se refiere a ahorro de tiempo.

— *Establezca asociaciones visuales.* Uno de los métodos principales para mejorar la memoria es la asociación de ideas. Cuando aparque el coche, busque algo extraño o poco usual que esté cerca; cuando deje el abrigo en un guardarropa, intente recordar el color de los ojos de la persona que le atendió, y así sucesivamente.
— *Reconstruya los acontecimientos.* Reconstruir mentalmente lo que ha hecho durante los cinco minutos anteriores a que el objeto se perdiera, frecuentemente ayuda a refrescar la memoria en lo que se refiere al lugar donde lo ha puesto.
— *Ponga las cosas juntas.* Aquellas cosas que puede olvidar, como los documentos para una reunión, colóquelas junto a algo que no pueda olvidar, como el abrigo, en invierno; o en el tren, ponga algo que pueda perder, como la bufanda, encima o en el bolsillo de la chaqueta.
— *Coloque las cosas donde no pueda olvidarlas.* Cuelgue las cartas del pomo de la puerta, o coloque esos libros ante la puerta de salida, o sujete las carpetas a su lámpara de sobremesa con cinta adhesiva, en otras palabras, coloque las cosas esenciales en sitios donde sea imposible no verlas.

OLVIDAR ACONTECIMIENTOS VENIDEROS

Ya hemos mencionado muchos de los recursos para recordar citas y acontecimientos —agendas, listas maestras, archivos recordatorios y otros—, pero hay algunos más:

— *Prepare un programa diario.* Anote cada mañana, o aún mejor, haga que su secretaria mecanografíe, las citas de ese día en una hoja de papel aparte, junto con cualquier cosa especial que necesite hacer o recordar con relación a cada cita. Por ejemplo: «3,30, reunión con el director de ventas, recordar llevar las cifras de ventas de los *dos* últimos años». Lleve siempre esa hoja con usted; pronto se acostumbrará a consultarla a lo largo del día.
— *Notas en el espejo.* Si va a hacer algo antes de ir al trabajo por la mañana, escriba una nota la noche anterior y péguela en el espejo del baño.
— *Nudos en el pañuelo.* El viejo chiste: «Me he hecho un nudo en el pañuelo para acordarme de algo y ahora no me acuerdo de por qué hice el nudo», es precisamente eso: un viejo chiste. Hacer nudos en el pañuelo, o meterse grandes trozos de papel en el bolsillo, o cualquier cosa equivalente, refrescan la memoria de forma rápida y segura.

— *Lleve un bloc de notas.* Muchas personas atareadas y eficientes llevan blocs de notas a todas partes y los consultan con frecuencia; puede comprarse uno elegante, forrado de piel, o uno barato. Como alternativa, hay quien prefiere llevar encima tarjetas de cartulina suficientemente rígidas como para poder escribir; pueden encargarse en las papelerías, del grosor y tamaño adecuados.

Olvidar lo que se está haciendo en ese momento

Este es el tipo de distracción más difícil de solucionar porque se infiltra sigilosa y subconscientemente. La forma más sencilla de vencerlo es luchar contra ello; no se resigne a ser cada vez más distraído; no se excuse refunfuñando «Einstein era horriblemente despistado y fue un genio»; prométase con firmeza ser más consciente y castigarse cuando falle.

Para lograrlo, oblíguese a vivir en el presente. Piense en lo que sucede ahora, en lugar de preocuparse por cosas futuras o por algo que ya ha hecho. Esto es especialmente importante en el momento de escuchar.

Su memoria es como un músculo: tiene que estirarlo y ejercitarlo para que esté en condiciones pero, al igual que el músculo, se atrofiará por falta de uso. No le gusta el alcohol, ni el exceso de cafeína, ni un bajo nivel de glucosa en la sangre: todo esto provoca distracciones (y, con frecuencia, en el caso de exceso de alcohol, amnesia total). Pero si trata a su memoria tal y como hemos indicado, ésta le servirá supereficientemente hasta mucho después de su jubilación.

> CONSEJO: Olvidar el nombre de las personas es uno de los problemas de memoria más generalizados, pero podrá usted reducirlo al mínimo si adquiere la costumbre de repetir en voz alta el nombre de la persona que le presentan: «Encantado de conocerle Sr. Gutiérrez», en lugar del tradicional «Encantado de conocerle» a palo seco.

La invasión informática

Si este libro se revisase y publicase de nuevo en el año 2001 d. C., esta sección sería probablemente la más larga del libro. Y no porque vayan a desaparecer las múltiples formas de ineficiencia de las que la humanidad es heredera. Muchos ejecutivos seguirán comunicándose mal, perdiendo mucho tiempo, demorando las tareas desagradables, mostrándose indecisos y olvidadizos. Dichas cualidades (¿cualidades?) son tan inherentes a la raza humana como respirar y dormir, y los ordenadores no las cambiarán.

Pero hacia el año 2001 d. C., la mayoría de los ejecutivos tendrán en su mesa un ordenador personal o un terminal que utilizarán continuamente. Hoy en día, a pesar de la revolución de los microordenadores que se inició a partir de 1975, se ven pocos teclados y monitores en las mesas de despacho, dejando aparte los departamentos especializados que los emplean en todo momento: contabilidad, investigación, proceso de datos, administración de ventas y control de stocks.

Aún más importante, el número de minis y micros adquiridos por empresas pequeñas aumenta vertiginosamente aunque recientes estudios indican que un amplio porcentaje de ellos siguen utilizándose de forma inapropiada, o no se emplean a fondo, y muchos terminan acumulando polvo en el almacén, semanas después de haberlos comprado.

La informatización, en todos sus aspectos, evoluciona con tanta rapidez que los problemas que ocasiona hoy se resolverán mañana. No obstante, el ejecutivo supereficiente, a la hora de relacionarse con estos cerebros sin mente que nos aportará el futuro, deberá tener siempre en cuenta los puntos siguientes:

— *Si entra basura, sale basura.* Es la regla más antigua y conocida con respecto a los ordenadores. Y, sin embargo, la mayoría de los ejecutivos siguen aceptando los datos de los ordenadores con humilde religiosidad. No lo haga. Póngalos en tela de juicio sin descanso. Los ordenadores no piensan: reproducen los pensamientos de otras personas, y esas personas pueden equivocarse.

— *Demasiado es demasiado.* Hace algunos años, en EE.UU., General Motors empezó un estudio acerca de la eficacia de su publicidad, en el que pretendía correlacionar la publicidad con las ventas mensuales en cada zona de ese vasto país. El volumen de datos resultante fue tan enorme, las hojas de ordenador tan numerosas, que los ejecutivos que llevaban el proyecto apenas daban abasto. Un consejo recurrente de este libro ha sido «no emprenda demasiadas tareas»: no deje que el ordenador le venza, aunque sea más grande que usted.

— *Perfeccione la salida de impresora.* En la mayoría de las empresas, la salida de impresora de los ordenadores dista mucho de ser perfecta. Los datos que contiene son excesivos o muy escasos, o los datos son correctos pero están mal desglosados. Con frecuencia, el formato era correcto cuando se creó, pero hace un par de años que no se cambia; a menudo, cada ejecutivo piensa que debe ser magnífico para otros, aunque realmente es malo para todos. No pierda el tiempo luchando con salidas impresas imperfectas: haga que las arreglen y todo el mundo se lo agradecerá.

— *Los procesadores de textos son maravillosos.* Si su organización cuenta con un departamento de tratamiento de textos, utilícelo al máximo; como alternativa, consiga un procesador de textos para su secretaria; como alternativa a esta alternativa, aprenda usted mismo a utilizarlo. Es un billón de veces más fácil (¡cómo mínimo!) revisar, duplicar y recuperar los documentos.

— *No al mínimo, sino al máximo.* Como hechos mencionado antes, muchos usuarios de ordenador no explotan al máximo las posibilidades de su ordenador y utilizan sólo algunas de sus funciones. Al principio es comprensible, pero resulta una solemne tontería una vez que se dominan las funciones más sencillas. Compruebe que utiliza su equipo al máximo.

— *Cuente con personal de apoyo bien formado.* Es muy frecuente que en las empresas pequeñas haya sólo una persona, o dos como mucho, que sepan utilizar el ordenador, por lo cual, siempre que dicha persona está ausente, el ordenador se echa unas siestas costosísimas. Asegúrese de que al menos tres o cuatro personas tienen conocimientos suficientes como para mantenerlo en funcionamiento.

— *La ergonomía es más importante que la economía.* «Agradable al usuario» es una inexactitud terminológica inventada por los fabricantes de ordenadores, porque sus productos no lo son. A no ser que su ordenador sea relativamente agradable y cómodo de usar, la gente (incluido usted) procurará no utilizarlo.

— *El software es más importante que el hardware.* Las diferencias mecánicas existentes entre las principales marcas de ordenadores son, en la actualidad, poco más importantes que las diferencias químicas entre las principales marcas de detergentes. Las diferencias importantes radican en la gama, coste y variedad del software disponible. Compruebe que haya programas de software baratos y flexibles, que se adapten a sus necesidades particulares.

— *El servicio es más importante que cualquier otra cosa.* Todos los ordenadores, como el resto de las máquinas (incluyendo aquí, pues no es improcedente, las máquinas humanas), se equivocan a veces. Una vez que haya incorporado un ordenador a sus actividades, el resultado puede ser desastroso: el trabajo puede pararse, literalmente hablando, como bien sabe todo aquél que ha sufrido la avería de un ordenador en el mostrador de embarque de un aeropuerto. Es crucial estar seguro que se puede contar siempre con un servicio fiable y un sistema de reparaciones instantáneo. Compruébelo cuidadosamente de antemano; después será demasiado tarde.

— *Apostar fuerte.* La razón más frecuente de que los ordenadores no se utilicen adecuada o totalmente, o no se utilicen en absoluto, es que los compran personas que buscan un salvador inmediato para algunos de sus problemas, pero que carecen de la voluntad de apostar por la informática. Si adquiere un ordenador, tendrá que cambiar algunos de sus sistemas; tal vez, a algunas de las personas a su cargo; en definitiva, algunas de sus formas de trabajar. A menos que apueste seriamente, estos cambios no se producirán y tendrá suerte si consigue vender a su salvador como chatarra.

Recuerde que no son ordenadores los que toman las decisiones, sino los seres humanos. Puesto que los ordenadores se han hecho omnipresentes, es deprimentemente frecuente oír cómo los ejecutivos intentan justificar decisiones estúpidas con frases como «El ordenador indicaba...» o «Los análisis del ordenador demostraron...» Pamplinas, jerga burocrática, basura. Lógicamente, usted hizo bien al obtener todos los datos importantes del ordenador. Pero la decisión que tomó, amigo, fue usted quien la tomó.

Los ordenadores, como hemos dicho al principio, no piensan ni, menos aún, tienen ideas brillantes y originales; pero usted sí debe pensar y tenerlas si quiere ser supereficiente y supertriunfador. Así pues, vamos a ver cómo puede incrementar su producción de ideas.

CAPÍTULO 5

GENERAR IDEAS

Nadie logra el éxito —independientemente de lo eficiente y concienzudo que uno llegue a ser— haciendo las cosas igual que se han hecho siempre. Ésta es la razón por la cual la quinta llave de la *supereficiencia* es aprender a resolver los problemas mediante nuevos enfoques que sean el resultado de ideas prácticas.

¿Cómo puede autoestimularse para tener ideas prácticas? La gente cree que las ideas caen del cielo como el maná —casi siempre, según la mitología popular, en el baño— haciéndole dar un salto, gritar «eureka» y anunciando a un mundo que espera, o al espejo del baño, el nacimiento de un concepto.

Ésta puede ser la creencia popular, pero no es así como Arquímedes descubrió el principio que lleva su nombre, ni como Einstein descubrió la relatividad, ni —a pesar de la famosa manzana— como Newton descubrió la gravedad. Todos ellos llevaban mucho tiempo estudiando el problema, reflexionando sobre él, esforzándose en encontrar una solución que se ajustara a los hechos. El genio tiene una capacidad infinita de sufrimiento o, como dijo Thomas Edison (tampoco era mal inventor): «El genio es un uno por ciento de inspiración y un noventa y nueve por ciento de transpiración.» Así pues, antes de pasar a la inspiración, vamos a abordar la transpiración.

Analizar los problemas

Decir que no se pueden dar respuestas correctas si no se hacen preguntas correctas es una verdad, pero cuando el problema estriba en tener ideas, es una verdad que se olvida con frecuencia. Todos conocemos a alguna persona que lanza ideas brillantes como chispas pero, al igual que las chispas, se apagan rápidamente. ¿Por qué?

Casi siempre es porque las ideas no resuelven el problema que se tiene entre manos. A veces son impracticables; con frecuencia, no son adecuadas, porque nadie ha definido el problema con suficiente detalle. No es que siempre sea fácil definir los problemas: por el contrario, el análisis agudo y perceptivo de los problemas es una rara habilidad y, a menudo, la definición exacta de un problema revelará por sí misma la solución.

El genio es un noventa y nueve por ciento de transpiración porque el conocimiento y la definición de problemas complejos es un acto creativo en sí. Todos los fabricantes de automóviles saben que los coches pueden producirse en una amplia gama de colores; fue Henry Ford quien observó que los costes se reducirían y habría una demanda masiva si se fabricaran en un solo color: negro. ¿Era una solución brillante? ¿O era un análisis brillante del problema? No importa. Ambos se entrelazaban inextricablemente, cosa que suele suceder.

En el trabajo, pocas veces se nos presentan problemas claramente definidos. Lo más frecuente es que nos enfrentemos a situaciones en las quc algo está mal y necesitemos identificar qué es. Eso es un problema de confusión. De modo alternativo, las cosas parecen marchar con tranquilidad y eficacia, aunque sabemos que con un equipo nuevo o un sistema diferente podrían ir con más tranquilidad y con mayor eficacia. Eso es un problema de *mejora.* Para casi todos nosotros es válido el principio 80/20: el 80 % de nuestros problemas son de confusión, el 20 %, de mejoras.

Su objetivo constante debe ser invertir dicho porcentaje. En parte, el objetivo de este libro es ayudarle a hacerlo. Una de las razones más importantes de llegar a ser supereficiente es reducir poco a poco los líos, embrollos y errores que normalmente le ocupan gran parte del tiempo, tiempo que le quedará libre para centrarse en mejoras y cambios que —además de ser más productivos— son mucho más satisfactorios y divertidos.

Sin embargo, tanto si se enfrenta a un problema de confusión como a un problema de mejora, las cinco etapas que ha de cubrir su análisis son muy similares:

1. Enfoque el problema con perspectiva

Gran parte de los problemas a los que se enfrentan los ejecutivos parecen ser limitados y específicos: ¿Tengo que echar a María? ¿Por qué la entrega llegó tarde? ¿Podrán reimprimirse a tiempo los rótulos?

¿Cómo es eso de que los datos del ordenador son basura? Antes de abordar el problema concreto —lo que, por supuesto, debe hacer con rapidez—, considere atentamente si es síntoma de un problema mayor. De lo contrario, cuando haya resuelto el quebradero de cabeza inmediato, pasará a otras cuestiones urgentes y, tan seguro como dos y dos son cuatro, aparecerá otro problema similar, generado por la misma causa fundamental. Entonces será demasiado tarde y se dará de tortas por no haber prestado la suficiente atención la primera vez.

2. Plantee el problema con precisión

Si el problema es significativo, debe anotarlo: como siempre, escribir aclarará sus ideas. Y aún más importante, reduzca el problema a una frase, dos como máximo. A no ser que pueda definirlo concisamente, no lo habrá identificado con claridad. Estará metiendo paja. Y si no ha identificado el problema con claridad, no espere resolverlo con claridad.

De modo alternativo, si a pesar de haberlo intentado, no puede comprimir el tema en una frase, es posible que haya desenterrado un marasmo de problemas entremezclados, en cuyo caso es preciso dividir el total en subproblemas específicos.

Asimismo, en esta fase del análisis, debe empezar a ser creativo. No plantee el problema como un tópico trillado; si su planteamiento del problema ya está más pasado de moda que un bombín, es probable que ocurra lo mismo con la solución.

3. Concrete los objetivos

Los objetivos han de derivar, casi lógicamente, del planteamiento del problema, y también deberá apuntarlos tan escueta y claramente como le sea posible. A partir de ahora, todo lo que haga debe juzgarse sobre la base de esa exposición de objetivos: será la única forma precisa de evaluar si ha logrado algo o no al término de la jornada. Así pues, considere atentamente si ha establecido:

a) objetivos suficientemente amplios (cf. punto 1);
b) objetivos suficientemente estimulantes;
c) objetivos alcanzables.

Sólo cuando haya cumplido los tres requisitos, podrá pasar al punto 4.

4. Consiga los datos

Con excesiva frecuencia, la gente se pone a recopilar datos antes de saber cuáles son pertinentes. Inevitablemente, estos datos influyen en la gente que los ha recopilado, que acomodan su punto de vista del problema y su solución a sus nuevos prejuicios.

Con objeto de ayudarle a darse cuenta de lo excepcionalmente difícil que es evaluar correctamente los hechos, piense de qué manera tan formalizada y reglamentada se presentan los datos («pruebas») en los tribunales de justicia. El planteamiento del problema (el cargo) y los objetivos (culpable o inocente) se despachan en minutos, pero la presentación, análisis e interrogatorio de los hechos (la vista de la causa) pueden alargarse interminablemente. Y las normas que regulan los tipos de declaraciones que son aceptables y los que no, se han venido puliendo y perfeccionando a lo largo de siglos, en un intento de asegurar que no influyan negativamente en el juez o en el jurado.

No es nada fantástico decir que debe intentarse siempre que la recopilación y evaluación de datos sean estrictamente objetivas. No hay nada que con mayor frecuencia lleve a los ejecutivos a conclusiones falsas, que la obtención de pocos datos, o datos inadecuados, o datos equivocados. Y los datos engañosos se agarran a la mente como lapas (como bien se sabe en los tribunales, los letrados nunca hacen caso omiso de una declaración simplemente porque el juez les haya ordenado hacerlo).

Así pues, las normas relativas a la consecución de datos son:

— No se precipite: asegúrese de que sabe lo que busca.
— Si se produce una discusión, escuche a las dos partes (además de las pruebas de testigos neutrales, siempre que esto sea posible).
— Sea minucioso: no abandone cuando crea que tiene datos suficientes para apoyar su punto de vista (o justificar sus prejuicios).
— Asegúrese de tener bien en cuenta todos los datos que cuestionen su punto de vista.
— Si es necesario, y si el tiempo y el dinero lo permiten, consiga más datos, mediante una investigación, que ayuden a aclarar los hechos.

Lamentablemente, por muy diligente que sea, casi nunca conseguirá recopilar todos los datos que crea necesitar, y retrasar la resolución de un problema por este motivo es otra forma inaceptable de postergación.

5. PRESENTE VARIAS SOLUCIONES

El punto 5 es el puente entre el análisis del problema y la generación de la idea o ideas que lo resolverán. Si llega al punto 5 y no puede esbozar rápidamente algunas posibles líneas de acción con poco esfuerzo —y no se preocupe por ser original: la originalidad se incorporará más tarde al proceso— entonces, es probable que algo se haya hecho mal anteriormente.

Usted abordó los puntos 1 a 4 para encontrar la solución mejor y más creativa para el problema. Si no puede presentar *ninguna* solución, el punto 4 ha resultado ser un callejón sin salida. Me temo que tiene que volver a empezar.

Antes de terminar con el tema del análisis del problema, es importante relacionar brevemente aquellos factores que, según han demostrado los psicólogos, bloquean y cortan nuestros procesos mentales lógicos, llevándonos a puntos de vista deformados y a conclusiones irrazonables:

— *Resistencia al cambio.* Todo el mundo siente temor al cambio, puesto que el cambio trae lo desconocido, pero es vital mantener tales inquietudes bajo estricto control. En la economía actual, es el cambio lo que hace que el mundo se mueva.

— *Sobredependencia de los demás.* Aunque nunca está mal buscar consejo, hay personas que no pueden resolver problemas porque han caído en un estado de absoluta dependencia de los demás. Por desgracia y con el tiempo, este malestar incapacitará totalmente a la persona y es posible que, más tarde, necesite ayuda psicológica o psiquiátrica.

— *Ya sé lo que es eso.* Hemos procurado protegerle contra esto haciendo hincapié en la importancia de la originalidad en los puntos 2 y 3. Sin embargo, todos somos propensos a sacar conclusiones precipitadas cuando nos enfrentamos a una situación difícil, similar a otra anterior. A veces tenemos razón pero, con frecuencia, ese «Ya sé lo que es eso» nos impide considerar la situación desde un punto de vista nuevo e imparcial.

— *Bloqueos culturales.* Tal vez sea ésta la pega más difícil de superar, porque, desde el nacimiento, nos inculcan una serie de normas culturales que influyen en casi todo lo que hacemos; tampoco es posible o acertado buscar siempre soluciones en contradicción con las normas culturales. Por otra parte, decir «siempre se ha hecho así» garantiza la esterilidad. A menudo es necesario ser radical, pero, raras veces, revolucionario.

— *Poca motivación.* La falta de verdadero interés en el problema conduce a la búsqueda de salidas fáciles y de la línea de menor resistencia; lleva a la despreocupación por los datos y a las ideas chapuceras. Todos lo hemos visto a diario en el trabajo y conduce a múltiples desastres.

— *Exceso de motivación.* Es lo contrario a la falta de motivación y no es tan frecuente, pero produce los mismos estragos. Cuando estamos excesivamente inmersos en un problema, nos tomamos todos los contratiempos y críticas de forma personal, deformamos los hechos, interpretamos erróneamente los resultados, actuamos a la ligera e insistimos obsesivamente en las consecuencias del fracaso; nada de esto constituye una receta ideal para las ideas tranquilas y racionales.

La creatividad

Los especialistas del cerebro saben, desde hace tiempo, que éste se divide en dos hemisferios, el derecho y el izquierdo. Pero gracias al trabajo del profesor Robert Ornstein, de la Universidad de California, se demostró que ambas mitades funcionan de forma muy distinta y, en realidad, casi por separado una de la otra [1].

Habiendo comprobado que las dos mitades del cerebro son biológicamente similares, Ornstein se percató de que pueden considerarse, de una manera más realista, como dos cerebros independientes que trabajan en armonía, más que como uno solo dividido en dos, porque cada hemisferio lleva a cabo distintas funciones, que el otro hemisferio no tiene idea de cómo se realizan.

En general, el hemisferio izquierdo realiza el pensamiento «lógico» y el derecho, el «creativo»:

Funciones cerebrales

Hemisferio izquierdo	*Hemisferio derecho*
Matemáticas	Imaginación
Lenguaje	Color
Análisis	Música
Deducción	Ritmo
Lógica	Ensoñación
Otras actividades similares	Otras actividades similares

[1] Robert Ornstein, *Psychology of Consciousness*, W. H. Freeman & Co., Oxford, 1972.

El profesor Ornstein descubrió, asimismo, que las personas entrenadas para utilizar sólo un lado del cerebro, de manera más o menos exclusiva, eran relativamente incapaces de emplear la otra mitad. Y aún más importante, descubrió que cuando se estimulaba y animaba a trabajar al «más débil» de los cerebros, en cooperación con el más fuerte, podía hacerlo, y el resultado final era un gran incremento de la capacidad total.

Así pues, en algunos aspectos, es un hecho poco acertado el que la educación occidental se haya basado tradicionalmente en la lectura, la escritura y la aritmética, ya que todas ellas son funciones del hemisferio izquierdo del cerebro. Muchos niños pequeños tienen una imaginación fantástica para la pintura pero, al llegar a la adolescencia, esta creatividad espontánea desaparece.

Por supuesto, gran parte de nuestra vida laboral —y el logro de la supereficiencia— depende del lado izquierdo del cerebro. Sin embargo, el autoaprendizaje de una mayor creatividad —o, más exactamente, el autoaprendizaje para reactivar nuestras facultades perdidas— dependerá de la nueva puesta en marcha de las partes inactivas del cerebro. Afortunadamente, los descubrimientos de Ornstein demuestran que, al hacerlo así, se estimula simultáneamente el hemisferio izquierdo, de modo que, al volvernos más imaginativos, también podemos mejorar nuestro rendimiento total. (Recuerde que, en la Introducción, afirmábamos erróneamente que muchas personas dotadas con una gran creatividad, son también muy desorganizadas; ésta es la justificación de dicha idea.)

Tampoco ha de temer, como le pasa a mucha gente, que la capacidad del cerebro esté limitada y que, al obligarle a hacer cosas que no suele, se pueda desgastar, en cierto modo. Al contrario. A lo largo de nuestra vida, sólo empleamos entre un 4 y un 10 % de las células cerebrales y los investigadores, mediante numerosos estudios, han demostrado que, si estimulamos el cerebro, éste se aprovisiona de nuevo, aumentando el número de las interconexiones por las que funciona.

Pasará mucho, mucho tiempo —algo así como una eternidad— antes de que los ordenadores puedan competir con eso.

Estimular la producción de ideas

Vamos a hablar de las técnicas más modernas para estimular la producción de ideas. Pero antes es importante observar que la única cualidad realmente esencial que usted necesita es la confianza. La modestia y la humildad son características deliciosamente encantadoras, pero no abundan demasiado entre los seres creativos.

Hay múltiples explicaciones para esto, algunas de las cuales están relacionadas con la inexcusable, desagradable y arrogante vanidad. Sin embargo, el motivo razonable y excusable del arrojo de la gente creativa procede de la continua necesidad que tienen de luchar por sus ideas. Aunque todas las organizaciones modernas pretenden, e incluso desean, dar la bienvenida a las nuevas ideas, raras veces lo hacen. Las personas creativas lo descubren rápida y dolorosamente. Ésta es la razón por la que —si no es una facultad innata en ellos— desarrollan suficiente confianza en sí mismos como para rechazar la crítica y luchar por sus ideas. Su armadura es la confianza.

Y, cuanta mayor es su confianza, más ideas tienen; y cuanto menor, menos. Comprobará que a usted le sucede lo mismo; si le falta confianza, no tendrá ideas; por tanto, adquiérala... es esencial para romper el círculo, y sólo usted puede hacerlo.

Una vez analizado el problema, veamos ahora cómo podemos generar algunas ideas que lo resolverán.

Activación de la imaginación

Piense en un objeto normal y corriente —por ejemplo, un clip— y diga, en diez minutos, la mayor cantidad de usos que se pueden hacer del mismo:

Para limpiar una pipa
Para limpiarse las uñas
Para sujetarse la corbata
Para limpiarse los oídos
Para colgar un cuadro
Para abrir un pequeño agujero
Como destornillador
Como anzuelo
Como gancho para un sujetador
Como tirador del cierre de una cremallera
Como cable de fusible
Para abrir cartas
Como llavero
Como palillo de dientes
Como gemelos
Como objeto de adorno
Para limpiar la máquina de escribir
Como pinza indicadora de punto de lectura

Sin duda podrá pensar más (y, en distintas ocasiones, yo me he servido de los clips de seis maneras de las que se mencionan, por lo que no son tan irreales).

La mente se entrena así para pensar con imaginación y es un buen «juego» para dos o tres personas. Una variante que está de moda, que es un juego divertido pero no para tomárselo muy en serio, es inventar nuevos productos inverosímiles para nombres de diseñadores. ¿Qué le parece papel higiénico Gucci o sillines para bicicletas Pierre Cardin?

BISOCIACIÓN

El gran escritor Arthur Koestler, en su libro *The Act of Creation* [1], describe la creación como un proceso de «bisociación»: reunir dos hechos o ideas desconectados para formar una sola idea. La mejor manera de aprender a pensar de modo bisociativo es formar cadenas de palabras. Abra el diccionario y señale una palabra cualquiera. Después, piense rápidamente en otra que se relacione con ella en su mente. No busque conexiones lógicas, pero no las rechace si surgen de forma natural. Tiene que poder decir rápidamente por lo menos cincuenta palabras en cinco minutos, después necesitará un pequeño descanso —es asombrosamente agotador— antes de volver a empezar.

¿CÓMO LO HARÍA OTRA PERSONA?

Esta técnica es similar a la de «preguntar a la mayor autoridad del mundo» (capítulo 3), pero aquí se emplea con una finalidad diferente. Cuando se utiliza a modo de ayuda para tomar una decisión, sirve simplemente para cerciorarse de que se ha examinado el problema desde todos los ángulos lógicos, razón por la cual se hace alusión a una «autoridad». Para estimular su imaginación, debe intentar considerar la situación, como un novelista o un autor teatral, tal como la verían otras personas, haciendo conjeturas sobre lo que sentirían, pensarían y dirían. A menudo, esto le ayudará a bisociar los «pensamientos» de ellos con los suyos propios, para crear una perspectiva totalmente nueva.

PIENSE EN COSAS DE POCA IMPORTANCIA

Muchos ejecutivos se esfuerzan en vano para tener grandes ideas que hagan temblar la tierra (o, al menos, estremecerse a la empresa) y, por lo tanto, no dan con los pequeños pero brillantes detalles gracias a los cuales se logra el progreso. Probablemente no es usted Arquímedes, ni Einstein, ni Newton, ni siquiera Henry Ford, por lo que nunca podrá revolucionar las ideas del género humano, y mucho menos la industria del automóvil. Pero si pudiera pensar en un sistema que

[1] Arthur Koestler, *The Act of Creation,* Hutchinson & Co., Londres, 1964.

simplificara los formularios de los pedidos de ventas, su esfuerzo no sería en vano.

Pensamiento lateral

El concepto de pensamiento lateral, inventado por Edward de Bono, está estrechamente relacionado con la división en hemisferio izquierdo/hemisferio derecho antes descrita. El pensamiento lateral se produce mediante saltos laterales de la imaginación (actividad del lado derecho del cerebro), en contraste con el pensamiento vertical, la progresión continua en una cadena lógica de razonamiento (actividad del lado izquierdo del cerebro). De Bono resume las diferencias de la manera siguiente [1]:

Pensamiento vertical	*Pensamiento lateral*
— Elige.	— Cambia.
— Busca lo que está bien.	— Busca lo que es distinto.
— Una cosa deriva directamente de otra.	— Da saltos premeditados.
— Se centra en la pertinencia.	— Recibe con agrado las intrusiones fortuitas.
— Se mueve en las direcciones más probables.	— Explora lo menos probable.

En palabras de De Bono, se puede estimular el pensamiento lateral «mediante la discontinuidad» y las técnicas que recomienda para provocar la discontinuidad son:

a) libertad de pensamiento, dejando que la mente discurra formas alternativas, y en muchos casos formas aparentemente improcedentes de examinar la situación;
b) quedar deliberadamente expuesto a nuevas influencias, como pueden ser gente, artículos, libros, en realidad, cualquier cosa que pueda ofrecer una idea diferente, aunque no sea inmediatamente procedente;
c) pasar de un problema a otro;
d) utilizar analogías para provocar ideas. El problema debe sugerir la analogía, pero entonces, debe permitírsela existir por de-

[1] Edward de Bono, *Lateral Thinking for Management*, Penguin Books, Londres, 1982.

recho propio para que indique una forma diferente de examinar el problema;

e) acordar la fertilización cruzada de ideas con otras personas.

El planteamiento del pensamiento lateral de Edward de Bono ha tenido una gran influencia durante los últimos años, tal vez porque la técnica que adopta para el estímulo de ideas es simultáneamente negativa/positiva: *dejar* de pensar verticalmente, *empezar* a pensar lateralmente. No siempre resulta sencillo pero, si puede hacerlo, funciona.

TENGA UNA CAJA DE IDEAS

Leo Burnett, cuyos puntos de vista sobre la obsesión en el trabajo no han sido muy acertados, era, sin embargo, un genio creativo de la publicidad, y una de las formas en que estimulaba su propia creatividad era con una caja de ideas. Metía al azar cualquier artículo, o foto, o pensamiento, cuya originalidad le chocara y suponía que, algún día, le sería útil. Siempre que estaba preparando una nueva campaña publicitaria, vaciaba su caja de ideas y, normalmente, le servía de ayuda. Otros profesionales de la publicidad hojeaban los libros que reproducen las grandes campañas del pasado, no para copiarlos, sino a modo de estímulo.

MUERTE A LOS TÓPICOS

Aparte de la confianza, la cualidad esencial que más necesaria resulta para el autoestímulo de ideas prácticas es la determinación: determinación resuelta y firme.

Es difícil conseguir ideas prácticas. Si no lo fuera, este capítulo no habría hecho falta y, sin duda, todos seríamos millonarios. (Tener ideas prácticas no le hará *necesariamente* rico, pero es un principio excelente.) La fuerza más contraproducente de cara a las ideas prácticas es la fatiga mental: hace días o semanas que intenta encontrar una solución auténticamente nueva, pero la idea no se ha materializado, el tiempo pasa y tendrá que conformarse con una noción trillada (que —consuélese— al menos ya ha dado pruebas de su utilidad).

Es un muro que, a veces, no podemos saltar. Incluso los grandes escritores, pintores y compositores producen esporádicamente obras que no son de una originalidad brillante. Todo lo que puede decirse es que debe aplazar la solución del tópico hasta el último minuto. Los que se inclinan por la opción fácil para poder irse a tomar una copa (o pasar a un problema más sencillo) pronto pierden el hábito de utilizar su parte derecha del cerebro lo cual, bajo mi punto de vista, demuestra que no están en sus cabales.

> CONSEJO: En lugar de contar ovejas o leer para conciliar el sueño, deje que su mente vague libremente por un problema espinoso que necesite solución; hay muchas probabilidades de que, al día siguiente, surja alguna idea de su subconsciente.

Observe que las dos palabras clave son «vague libremente»; si usted pertenece a ese tipo de personas propensas a pasar la noche en blanco, inmersas en un baño de sudor y preocupaciones, olvide totalmente el consejo, y organice rápidamente una sesión de presentación acrítica de ideas.

La presentación acrítica de ideas

El primer seguidor entusiasta de las sesiones de presentación acrítica de ideas *(brainstorming)*, J. Geoffrey Rawlinson [1], define así estas sesiones: «Una forma de conseguir un gran número de ideas de un grupo de personas, en poco tiempo.» El propio Rawlinson declara que él mismo ha generado más de 1.200 ideas para un fabricante de alimentos para gallinas, en una sesión de tres horas y tres cuartos, lo que mi calculadora de bolsillo traduce a 5,3 ideas por minuto, o una idea cada 11,3 segundos, durante casi cuatro horas.

Sin embargo, el impresionante rendimiento de Rawlinson se clasifica en el *Libro Guinness de los récords* detrás de la más reciente tentativa, en la cual diez directores británicos crearon al sprint 280 ideas para mejorar la economía británica en sólo 480 segundos, es decir, una cada 1,7 segundos. (Realmente fueron 464, pero se desecharon 184 por ser muy parecidas o muy tontas.)

Fue Alex F. Osborn quien, en la década de 1930 inventó las sesiones de presentación acrítica de ideas popularizadas por Osborn [2] y Sidney J. Parnes [3], en la década de 1950, época en que estuvieron muy de

[1] J. Geoffrey Rawlinson, *Creative Thinking and Brainstorming*, John Wiley & Sons. Nueva York, 1981.

[2] Alex F. Osborn, *Applied Imagination*, Charles Scribner's Sons. Nueva York, 1957.

[3] Sidney J. Parnes, *Creative Behaviour Guidebook*, Charles Scribner's Sons. Nueva York, 1967.

moda. Posteriormente cayeron en desuso pero, según parece, en esta década disfrutan de un resurgimiento, pendular tal vez.

Para que las sesiones de presentación acrítica fueran un éxito, Osborn consideraba indispensables estos dos principios:

1. *Suspensión del juicio crítico.* La gente puede generar mayor cantidad de buenas ideas en un tiempo específico si eliminan la crítica y aplazan los juicios hasta después de la sesión.
2. *La cantidad genera la calidad.* Cuantas más ideas tenga, más probabilidades hay de llegar a la mejor solución.

Partiendo de estos principios, Osborn desarrolló las normas siguientes para llevar a cabo las sesiones de presentación acrítica de ideas:

— *La crítica destructiva es tabú.* Las ideas han de aceptarse, no juzgarse, y los participantes nunca deben hacer que nadie se sienta ridículo (uno de los principales inhibidores de la creación de ideas). Reírse sarcásticamente, levantar las cejas o encogerse de hombros son aspectos tan negativos como la crítica, y están igualmente prohibidos.

— *Bienvenida a la espontaneidad.* «Cuanto más espontánea sea la idea, mejor; es más fácil adoptar que inventar» (Osborn, *op. cit.*). Reconocerá en éste uno de los principios del pensamiento lateral de Bono.

— *Buscar combinaciones y mejoras.* «Además de contribuir con ideas propias, los participantes deben sugerir cómo mejorar las de los demás, o cómo reunir dos o más ideas para que surja una tercera» (Osborn, *op. cit.*). Observará que éste es un concepto similar al de la bisociación de Koestler. Ahora puede ver que, aunque las técnicas cambian, los principios básicos de la generación de ideas no han variado mucho.

— *No pormenorizar.* Las ideas no deben explicarse ni defenderse, sólo expresarse y registrarse rápidamente.

— *No pasar por alto lo que es obvio.* Es posible que la idea no sea obvia para todo el mundo; también puede ser factible convertir una idea obvia en algo no tan obvio; y, de cualquier manera, la solución obvia, a veces, es la mejor.

— *No tener miedo a repetir.* No vale la pena preocuparse de si ya se ha sugerido una idea anteriormente; y poner verde a alguien por haber repetido, es un tipo de crítica. Además, las ideas normalmente desencadenan distintas respuestas si se repiten en diferentes momentos de una sesión.

— *El objetivo es la cantidad.* Como ya hemos dicho, cuantas más ideas se generen, más posibilidades hay de que una sea la correcta.

Las sesiones de presentación acrítica de ideas deben contar con un número de participantes comprendido entre cuatro y doce personas, cuyo nivel jerárquico sea más o menos el mismo (si está presente algún gran jefe, inevitablemente algunos se sentirán inhibidos mientras que otros, también inevitablemente, tratarán de exhibirse).

Cuarenta minutos suele ser una buena duración. Si se alarga a una hora, normalmente la gente empieza a cansarse y más vale dar por terminada una sesión mientras dure el entusiasmo. Y necesitará un magnetófono o una excelente secretaria.

Lógicamente, el líder del grupo es un factor muy importante. El líder debe ser una persona entusiasta, desinteresada y simpática, de mente rápida, buen orador, con capacidad de reacción ante el auditorio y con ganas de que la sesión sea un éxito. Sin embargo, el papel del líder no es el del presidente de una reunión; el jefe simplemente hace que las cosas empiecen con la exposición de un problema —debe ser un problema «sencillo», las sesiones de presentación acrítica de ideas no pueden preocuparse de cálculos— y encamina al grupo hacia la dirección correcta, elogiando generosamente las ideas y animando a otros miembros del grupo a basarse en ellas.

Antes de dar por finalizado el tema de la presentación acrítica de ideas, debemos decir que, según las más recientes investigaciones, las personas que llevan a cabo sus propias sesiones en solitario pueden generar más ideas que un grupo. Los estudios han demostrado que cuatro personas que trabajen individualmente, si se combinan sus resultados, hacen más que cuatro personas que trabajen juntas. Sin embargo, el tema sigue abierto al debate y no hay duda de que, a efectos de formación —autoaprendizaje de las técnicas de la presentación acrítica de ideas— la participación en grupo es muy ventajosa. Una vez que haya visto cómo se hace, es casi seguro que pueda, si lo prefiere, hacerlo usted sólo en adelante.

Otra desventaja, posiblemente más grave, de las sesiones en grupo, deriva del problema de evaluar todas las ideas. Piense, por ejemplo, en las 280 ideas expuestas por diez directores británicos para mejorar la economía. Aunque fuera posible tachar con un lápiz rojo la mitad de ellas —y no hay duda de que lo fue— todavía quedarían 140 ideas que requerirían una investigación ulterior.

Es decir, 140 ideas, casi por definición imposibles de clasificar por orden de prioridad, y todas bastardas, o sea, sin un padre que se haga responsable de ellas. Todos sabemos lo que sucede con las ideas huérfanas, en particular con aquellas que son radicalmente nuevas y difíciles de llevar a efecto. Se pierden en el archivo, se dejan hasta el final de las reuniones y se posponen, y se posponen, y se posponen otra vez, hasta que se abandonan y olvidan en el gran cementerio de ideas del cielo.

Esto nos enseña tres cosas. En primer lugar, evaluar las ideas es tan importante como tenerlas; en segundo, es preciso nutrir y dar un empuje enérgico a las ideas; y, en tercero, las sesiones de presentación acrítica de ideas son una patética pérdida de tiempo si las ideas generadas no quedan bajo la protección de alguien que tenga determinación y autoridad para hacerlas progresar.

Evaluación de las ideas

En determinada fase de su desarrollo, la evaluación de una idea puede convertirse en una tarea importante que involucre a numerosos departamentos y recursos de la empresa. En realidad, la evaluación de proyectos es el tema de innumerables y pesados volúmenes sobre dirección. Todo lo que podemos hacer aquí es desarrollar unas directrices que nos ayuden a diferenciar entre aquellas ideas que pueden desecharse desde sus comienzos y aquellas en las que merece la pena empezar a trabajar (recordando en todo momento que muchos de los grandes inventos de la humanidad parecían una locura al principio).

Ante una nueva idea, hay que plantearse seis preguntas:

1. *¿Es realmente nueva?* Puede creer sinceramente que su idea es nueva, pero estar equivocado. Esfuércese por saber la verdad. Si la idea ya se ha utilizado en cualquier otra parte y ha sido un fracaso, esto se evidenciará en cualquiera de las fases y entonces: a) habrá malgastado una gran cantidad de tiempo, y b) parecerá que le falta un tornillo.
2. *¿Es adecuada y práctica?* Al principio de este capítulo hicimos mención a esas personas que tienen brillantes ideas, que nunca se llevan a la práctica. Esto se debe a que son inadecuadas o impracticables. Cierto es que a veces no es nada fácil decir si una idea recién nacida es práctica o no —¿quién iba a imaginarse que unos inmensos objetos metálicos iban a volar?—, pero eso no es excusa para no intentar evaluar el sentido práctico de una idea; al menos deberá ser consciente de las dificultades que encierra. (Y si ha hecho un correcto análisis del problema, *sus* ideas deben ser siempre adecuadas.)

3. *¿A quién implicará?* Más importante, ¿a quién molestará? Es infrecuente por no decir imposible, que una idea nueva no moleste a alguien, por no decir a todo el mundo. A no ser que identifique de antemano a quién y por qué, se enterarán por «radio macuto» de una versión desvirtuada de la idea y harán lo humanamente posible por echarla abajo.
4. *¿Cuánto costará?* Es infrecuente, por no decir imposible, que las nuevas ideas no cuesten ni un duro y puede estar seguro de que esa será la primera pregunta que le hará su jefe. Si no sabe la respuesta, parecerá tonto, como les pasa a tantos ejecutivos.
5. *¿Cuánto ahorrará?* Con frecuencia, esto es mucho más difícil de evaluar, pero siempre vale la pena hacer un cálculo aproximado. Si, de cualquier forma, no puede percibir ningun ahorro, es posible que la idea no sea tan buena como pensaba.
6. *¿Necesitará una evaluación más formal?* La mayor parte de las preguntas anteriormente expuestas se refieren, como es lógico a proyectos comparativamente pequeños. Si la idea que propone es la de un submarino-aeroplano, que puede sumergirse bajo el agua y volar por los aires, no es probable que pueda decir así como así cuál será su precio o el ahorro que suponga, o a quién implicará. Pero si fuera preciso hacer una evaluación más formal, se incurrirá en gastos que será necesario calcular y justificar de antemano.

Ahora que ha tenido la idea, se ha hecho las seis preguntas y quiere seguir adelante, ¿qué debe hacer?

Superar los obstáculos

En muchos aspectos, tener una idea es un juego de niños comparado con conseguir que se haga algo con ella. Como ya hemos señalado la gente y las empresas insisten obstinadamente en que reciben las ideas con entusiasmo, y con la misma obstinación las rechazan.

Sin embargo, hay unas cuantas ideas que superan finalmente todos los obstáculos impuestos por las diferencias, la oposición y la impopularidad. Y para ayudarle a conseguir que las suyas se encuentren entre las que logran el éxito, presentamos a continuación varias tácticas:

— *No crea que los demás piensan como usted.* Las ideas, al nacer, frecuentemente son un algo vago y sutil. Por lo tanto, cuando usted las describe, los demás pueden malinterpretarlas. Preste mucha atención para comunicar la idea «en el idioma de sus interlocutores» (recuerde el capítulo 1: los mensajes que no están claramente cifrados no pueden ser claramente descifrados).

— *Decida si quiere llevarse los honores o que le acepten la idea.* Ambos conceptos, a menudo, se excluyen mutuamente. Algunas veces puede poner en marcha una idea. Otras, puede llevarse los honores. Raras veces conseguirá ambas cosas. Decida cuál de ellas prefiere.

— *Arrégleselas para que otra persona tenga la idea de usted.* Una consecuencia de la táctica anterior. Sugiera la idea, mediante injerencia o insinuación, a la persona que más poder tenga en el grupo al que usted desea influenciar. Una vez que la persona esté convencida de que la idea era suya, deje que, paso a paso, se ponga de su parte. Con esto, *a*) conseguirá comunicar su idea y *b*) le convencerá de que usted es un ser tremendamente razonable, que puede admitir una buena idea, aunque sea de otra persona.

— *Muéstrese despreocupado.* La indiferencia clínica puede ser una gran ayuda. Usted, con razón, está apasionada y obsesivamente comprometido con su idea, pero casi siempre es mala idea demostrarlo.

— *Utilice cebos.* Presente primero una idea-cebo. Deje que se la echen abajo, pero sólo tras de una feroz discusión. Después, exponga la idea real, que probablemente será admitida porque *a*) sus colegas se sienten un poco culpables por haber rechazado su primera idea y/o *b*) es probable que ahora estén agotados.

— *No insista demasiado en la originalidad.* Cuanto más original sea su idea, menos debe subrayarlo. Haga alusión a ideas similares que hayan tenido éxito. Esto tranquilizará a aquéllos para los que cualquier idea innovadora resulta desconcertante.

— *Añada un factor emocional.* Si logra convencer a alguna persona detestada en la empresa de que se oponga a su idea, tiene prácticamente garantizado el triunfo. De modo alternativo, es posible que logre el mismo efecto si menciona la posibilidad de que el competidor más aborrecido de la empresa materialice antes la misma idea.

A veces la gente tiene ideas sencillas y de gran brillantez, que se callan porque temen que alguien diga: «Eso es de cajón, ¿cómo no lo pensaste antes?»

No deje que este tipo de preocupaciones se le pasen por la cabeza: si tiene una buena idea, difúndala. Muchas de las mejores ideas son verdaderamente «de cajón», pero después de que alguien las ha tenido.

Si hay alguien tan tonto como para hacerle la anterior observación, suéltele esta frase semirretórica, que le dejará aplastado: «No me parece sensato acusar a Newton de no haber descubierto la gravedad cuando era joven, pero probablemente usted piensa lo contrario, ¿no?»

CAPÍTULO 6

VIAJAR CREATIVAMENTE

Si en su trabajo no va incluido un atractivo trotamundeo, puede parecerle extraño que el aprovechar creativamente las horas de viaje sea una de las claves de la supereficiencia. Sin embargo, un estudio publicado en el *IBM Systems Journal* [1] demostró que el porcentaje de tiempo dedicado a los viajes es de un 13,1 % entre los altos directivos y de un 6,4 % entre *todos* los ejecutivos.

Además, estos porcentajes se refieren al tiempo hábil, y no incluyen el tiempo empleado en ir al, y volver del, trabajo. Si viaja sólo una hora al día, treinta minutos por trayecto, esto supondrá aproximadamente el 10 % de su semana laboral, y la cifra puede doblarse si vive y trabaja en una de las grandes aglomeraciones urbanas.

Así pues, aunque no pase el tiempo revoloteando entre Roma y Reikiavik y Río de Janeiro, es probable que dedique al menos 250 horas al año —es decir, aproximadamente treinta días laborables completos— trasladándose de casa a la oficina. Y es casi inconcebible que no pueda aprovechar ese tiempo con mayor creatividad. Por lo tanto, antes de echar a volar, consideraremos nuestra diaria odisea entre el domicilio y el despacho.

El trayecto de todos los días

La gran mayoría de los libros sobre este tema empiezan recomendando que se evite la pérdida de tiempo que suponen estos viajes, viviendo lo más cerca posible del trabajo. En el mundo actual, este consejo pa-

---

[1] G. Engel, J. Groppuso, R. Lowenstein y W. Traub, «An Office Communications System», *IBM Systems Journal,* vol. 18, núm. 3, 1979.

rece tan útil como el antiguo chiste irlandés sobre el camino de Killarney. (P.: «¿Cuál es el mejor camino de aquí a Killarney?» R.: «Si lo que busca es el mejor camino a Killarney, lo primero que debe hacer es no empezarlo aquí.»)

El lugar elegido para vivir es siempre una de las decisiones a la que debe prestarse más atención, dependiendo de un cúmulo de factores, que van desde el coste hasta la educación de los niños (y, la próxima vez que piense en mudarse, éste es un tema ideal para un minucioso análisis de decisión al estilo de Ben Franklin). Si vive en un sitio que le resulta incómodo para su trabajo, cabe la posibilidad —rayana en la certidumbre— de que haya elegido vivir allí por una serie de razones y pretenda seguir allí, al menos por ahora.

Es preciso que el recorrido diario no sea una pérdida de tiempo. Sin interrupciones personales y telefónicas —aunque los modernos sistemas telefónicos están cambiando este factor— el tiempo que emplea en viajar, ya sea en tren, coche o transporte urbano, puede suponer las horas más creativas y productivas del día. Pero, ya que es sencillísimo malgastar el tiempo del trayecto cayendo en un trance vacuo, es esencial empezar por detallar algunas de las cosas que deben evitarse, los «noes», antes de meternos con los «síes».

Los «noes»

No ponga la radio. Si viaja en coche, no encienda la radio para tener un zumbido de fondo; si no la escucha conscientemente, apáguela. Es imposible pensar con claridad si hay alguien parloteando en el coche.

No salte de carril en carril. Cuando llegue al inevitable atasco, no salte de un carril a otro. «El otro carril va más de prisa» es una de las leyes de Murphy que debe desobedecer. Si intenta cambiar constantemente de carril mientras piensa en otras cosas, su coche acabará lleno de abollones, su póliza de seguro a todo riesgo acabará en la papelera y usted llegará al trabajo presa de un ataque de nervios, mentalmente agotado y con un coro de cláxones atronándole los oídos.

No se ponga en camino en el último minuto. Dése un margen de tiempo de siete minutos por si alguien tiene una avería. Con ello llegará al trabajo siete minutos antes, lo cual no resulta catastrófico, pero también hará que usted no se quede en su coche bufando y frenético por la demora si el coche que le precede tiene una avería o una colisión en medio de un atasco. (Aunque la detención le haga perder diez o doce minutos, sólo llegará cinco minutos tarde, como mucho.) Si es su propio coche el que se avería, o si se produce un accidente grave, poco puede hacer, excepto aceptar la crueldad del destino.

No celebre fiestas con los viajeros. Si hace el trayecto en tren, no entable amistad con los restantes pasajeros. Si ésta le parece una actitud poco amistosa, es porque es poco amistosa. Una vez que se haya hecho muy amigo de los restantes pasajeros, acabará jugando al mus, bebiendo en el bar, criticando a la televisión, al gobierno, a la juventud y a su equipo de fútbol; pero nunca adelantará un ápice su trabajo. Si va en tren año tras año y se encuentra con las mismas personas, en el mismo vagón, día tras día, hace falta una voluntad de hierro para permanecer más callado que un monje trapense, pero comprobará que vale la pena.

No lea los periódicos. Esto puede sonar a incultura, pero, una vez que abra el periódico, se pasará todo el trayecto leyéndolo, y estudiar detenidamente el periódico, de cabo a rabo, es una actividad para los ratos de ocio, que nada tiene de esencial. La supereficiencia es, en gran medida, una cuestión de prioridades. En una época en que las noticias por radio y televisión son excelentes, leer a diario la prensa no es —salvo que usted sea un político— prioritario. Lea los titulares, los puntos clave y los temas relativos a su sector antes de salir de casa o al tomar café en el trabajo. Póngase al día los domingos. Por desgracia, si desea emplear con eficiencia el tiempo que dura el viaje, este punto se aplica igualmente a las novelas.

Una vez vistas las costumbres que deben evitarse, consideremos las formas de emplear útilmente el viaje, ya sea en tren o en coche.

LOS «SÍES» DEL COCHE

Plantéese problemas. La forma más eficaz y agradable de emplear el tiempo al volante es, con mucho, plantearse un problema difícil al principio, que *debe* estar resuelto al final. Lógicamente, sólo puede plantear y resolver problemas que no tenga que escribir o requieran cálculos complicados: problemas creativos y personales, reorganizaciones sencillas, promociones de ventas y cosas similares, son ideales. No es recomendable garabatear notas a 120 por hora en la autopista, por lo que probablemente considerará útil tener a mano un pequeño dictáfono. Y el planteamiento de problemas hará que el tiempo pase rápida y productivamente.

Por alguna razón, centrarse en los problemas es mucho más sencillo en coche que en tren; tal vez sea porque, en los trenes, casi siempre nos sentamos frente a alguien y resulta difícil saber dónde mirar mientras nos concentramos. (Quizá la respuesta sea cerrar los ojos; pero hay grandes probabilidades —en particular por la noche— de que se duerma ¡y se pase de parada!)

Lleve con usted a algún colega. Si vive cerca de alguno de sus compañeros de trabajo, acuerden ir juntos algunas veces, cuando tengan un problema mutuo que comentar o cuando uno de los dos requiera información del otro. Este tipo de charlas privadas suelen ser mucho más sinceras y fructíferas que las conversaciones de igual duración en el trabajo.

Es preferible que dichos viajes conjuntos no se conviertan en una rutina diaria. Deje claro que usted no es insociable: normalmente prefiere viajar solo, pero agradece la oportunidad de una conversación cuando hay algún tema común en el orden del día de ambos.

Siga un curso por casetes. ¿Quiere aprender un idioma, o más cosas sobre ventas, o contabilidad, o informática? Hay muchos cursos de formación disponibles en casetes y el trayecto diario es un momento perfecto para seguirlos.

Ensaye, ensaye. Otra ventaja de los coches sobre los trenes es que puede hablar en voz alta consigo mismo, sin que nadie lo encuentre extraño. Puede ensayar presentaciones y discursos, cronometrándolos con el reloj del coche, hasta sabérselos perfectamente. Nadie le escucha, no importan los fallos; en realidad, al no poder alquilar una sala para ensayar, hay pocas ocasiones mejores a tal efecto. (Aunque lo recomiendo, y lo hago, sigo considerando violento ensayar en voz alta en mi despacho.)

Tiempo para el dictado. Además de utilizar un dictáfono para recordar sus pensamientos e ideas (véase «Plantéese problemas», página 117), otra ventaja de poder hablar en voz alta es que puede dictar cartas y documentos para que su secretaria los mecanografíe más tarde.

Tiempo para el teléfono. Los teléfonos de coche han resultado ser mucho menos útiles de lo que esperaban muchos de los ejecutivos que se han instalado uno. Indudablemente, son prácticos para comunicar que está metido en un atasco y llegará tarde. Pero, por multitud de razones, no son de gran utilidad para las conversaciones de trabajo en general: se suele conducir en horas no laborales, no se pueden coordinar las conversaciones con documentos, es difícil tratar muchos tipos de cuestiones, etc. Una vez dicho esto, los teléfonos en el coche son muy útiles para aquellos trabajos en los que siempre se esté al volante, como dirección de ventas y coordinación de ventas al por menor.

Los «síes» del tren

Tiempo para escribir. La ventaja principal que ofrece el tren (y el avión) sobre el coche es que se puede escribir. Muchos grandes escritores, entre ellos John Le Carré, han escrito libros enteros en los trenes, porque es perfectamente factible escribir propuestas y proyectos durante el viaje. Los consejos siguientes le facilitarán el proceso:

— Por muy asombroso que parezca, es mejor no sentarse ante una mesa; los asientos y las mesas del tren no se mueven a la par, lo que hace que escribir resulte extremadamente difícil.
— Lleve una mesa particular —un portafolios duro, plano y liso— que se colocará encima de las rodillas.
— Dentro del portafolios, lógicamente, necesitará llevar el recado de escribir y los documentos adecuados; además de una pequeña grapadora (para esto no sirven los clips —se enganchan unos con otros cuando hay muchos papeles—); más una calculadora de bolsillo; más gomas y un sacapuntas, si utiliza lápices —aconsejables en tren porque las sacudidas a veces hacen que la escritura sea ilegible—; más tijeras, si es usted uno de esos escritores a los que les gusta cortar los documentos para cambiar el orden de los párrafos.
— Elija un asiento en el que el brazo con el que escribe dé al pasillo en lugar de a un pasajero sentado a su lado.
— No escriba documentos para los que necesite consultar mucho material puesto que, aunque pueda llevarlo con usted, la consulta le resultará lenta y difícil.
— Procure no escribir documentos muy confidenciales, a no ser que esté seguro de que el tren va vacío: el olor de la confidencialidad es garantía de que sus vecinos intentarán echar una ojeada.

Tiempo para leer. Leer, al igual que escribir, es una de las ventajas obvias que tienen los trenes sobre los coches. Dependiendo de que usted sea alondra o búho, preferirá leer informes complejos por la mañana/tarde y revistas del sector y ofertas por correo por la tarde/mañana.

Tiempo para comentar. Si va a hacer un viaje largo en compañía de varios colegas (probablemente no será el trayecto diario hacia el trabajo) considere la idea de reservar un compartimento completo para hablar tranquilamente.

Tiempo para la presentación acrítica de ideas. Por último, aunque hemos subrayado anteriormente que los trenes no son tan apropiados como los coches para la concentración en solitario, son excelentes para las sesiones de presentación acrítica de ideas en solitario; usted se sienta con un bloc y un lápiz y anota ideas a medida que surgen. Después de quizá media hora, cuando haya generado treinta o cuarenta ideas

(318 si puede igualar el porcentaje de J. Geoffrey Rawlinson), puede emplear el resto del viaje en hacer una evaluación inicial, de forma que cuando se baje del tren tenga una media docena de ideas que valga la pena considerar.

Consejos para los viajes de negocios

La esencia del trayecto de ida y vuelta al trabajo es que es repetitivo; en contraste, los viajes de negocios suelen ser más variados, aunque se hagan con cierta regularidad. Durante los primeros, puede esperar lo previsible, durante los segundos, lo imprevisible. (En todos los viajes hay problemas, averías y retrasos, pero en los trayectos diarios, la posibilidad de desastres, aunque considerable, está limitada; en los viajes largos, es ilimitada.)

El primer paso vital es, por lo tanto, encontrar una buena agencia de viajes. En el concepto de una agencia de viajes *perfecta* hay, probablemente, una contradicción de términos, pero algunas son mucho mejores que la mayoría, y una agencia de viajes garrafal aprovechará todas las oportunidades disponibles para hacerle cisco su viaje.

Como con los auditores y abogados, cuando se busca una buena agencia de viajes, la empresa es mucho menos importante que la persona con la que se trata, y la única manera de descubrir a estas personas es por recomendación personal o probando. Si su organización tiene un departamento de viajes, entonces, por supuesto, se encuentra con las manos atadas y se verá obligado a utilizar el sistema.

> CONSEJO: Para tener una idea inicial de lo competente que es una agencia de viajes, pídales que preparen un viaje casi imposible; por ejemplo, ha de estar en Bombay para la cena (que recomienden restaurante, por favor), saliendo del aeropuerto no antes de las 9 de la noche anterior y parando en Nairobi para una entrevista en ruta. La inteligencia y entusiasmo con que aborden la tarea le indicará muchas cosas.

Una vez que haya encontrado su agencia (y si la primera que elige le estropea el viaje cambie inmediatamente, pues puede estar seguro de que las agencias que le hagan una pifia en su primer viaje se la volverán a hacer una y otra vez), ya está listo para planificar su viaje.

Compruebe su pasaporte, si se requiere visado y/o medidas sanitarias; elija una ropa cómoda y amplia para el vuelo y siga los trece consejos de la suerte que le ayudarán a hacer llevadero el viaje.

1. *Márquese unos márgenes lógicos.* Esto es particularmente importante en invierno, cuando los horarios regularmente van mal. La tentación de fijar reuniones una hora después de la hora oficial de llegada del vuelo suele ser grande, pero puede resistirse dentro de lo humanamente posible. Una hora de gracia le permitirá refrescarse y relajarse, o llegar a tiempo si el vuelo no lo hace.
2. *Prepare alternativas.* El presidente de una de las principales empresas del país se hacía reservar habitaciones en los hoteles de las principales ciudades de su ruta, por si había algún aterrizaje forzoso. Esto es un poco extravagante, pero vale la pena que su agencia le proporcione vuelos y rutas alternativos y compruebe la posibilidad de que haya problemas climatológicos en su lugar de destino. (En Milán, por ejemplo, suele haber niebla después del crepúsculo a finales de otoño, pero pocas agencias se molestan en mencionarlo.) Si cabe la posibilidad de que encuentre problemas, reserve una noche extra en el hotel; puede anularse fácilmente.
3. *Viaje con poco equipaje.* La mayoría de los viajeros llevan demasiadas prendas de vestir y vuelven sin haber tocado la mitad. Esto resulta molesto, es un camino rápido hacia la hernia y, cuantas más cosas lleve, más se arrugarán. (Nota: si se cuelgan los trajes en el cuarto de baño, cuando hay vapor, las arrugas desaparecen rápidamente.)
4. *Lleve una lista de viaje.* Si viaja con frecuencia, prepare una lista de comprobación de cosas que siempre necesite llevar y hacer, que pueda consultar antes de cada viaje.
5. *Evite las horas punta.* Si no puede evitarlas, téngalas en cuenta. El tiempo hasta y desde el aeropuerto en cualquier ciudad importante será por lo menos el doble entre las 7,30 y las 10 de la mañana y las 4,30 y 7 de la tarde, hora local.
6. *Compruebe los cambios de hora.* Todo el mundo se equivoca a veces con respecto a los cambios horarios, pero no sirve de excusa, ni de ayuda, cuando esto sucede. Siempre vale la pena comprobarlo dos veces.
7. *Lleve moneda suelta.* Es violento e innecesario encontrarse sólo con cheques de viaje o billetes grandes a la hora de pagar el primer taxi o de dar una propina al maletero. Indique al

banco, o a quien sea, que incluya billetes pequeños en el dinero que cambie. Si viaja mucho, guarde las monedas sueltas que le queden para el viaje siguiente, teniendo un sobre distinto para cada divisa. ¡Pero no olvide llevarse el sobre en su próxima visita a ese país!

8. *Lleve una lista de números de teléfono útiles.* Para evitar las peleas con los operadores y las guías telefónicas locales, prepare antes de salir una lista de direcciones y números de teléfono locales que posiblemente necesite; y lleve *aparte* una lista de los números de sus tarjetas de crédito, por si tiene algún contratiempo.
9. *Tómese tiempo.* Los viajes internacionales pronto le dejarán hecho un trapo si calcula el tiempo muy justo, llega al aeropuerto en el último momento, pasa a toda prisa por el mostrador de embarque, busca a empujones salir el primero del avión y se salta las colas de los taxis. Inevitablemente, en algunas ocasiones, tendrá que precipitarse y correr, pero si lo hace siempre, ni los pasajeros que se sientan junto a usted ni su presión sanguínea se lo agradecerán.
10. *Lleve una oficina portátil.* Los vuelos y las habitaciones de los hoteles representan una oportunidad aún mejor que los trenes y los coches para la concentración en solitario y sin interrupciones. Asegúrese de llevar todo lo necesario para poder trabajar en cualquier sitio (la lista es la misma que para los trenes).
11. *Manténgase en contacto.* Por muy tentador que le resulte comportarse como un reportero independiente sin una misión concreta tan pronto como haya aterrizado en suelo extranjero, esto volverá locos a todos los demás. Asegúrese de que su secretaria o alguien de la oficina tienen su itinerario por escrito, y telefonee con regularidad a la central. Al telefonear, dicte a su secretaria notas para usted mismo y profundice en ellas al volver.
12. *Haga amistad con el conserje.* En la mayoría de los hoteles, el conserje es una persona con gran poder e influencia, capaz de conseguirle una mesa en los mejores restaurantes, o entradas para ese espectáculo que las tiene vendidas hasta dentro de un año, que puede ayudarle a recomponer un viaje descompuesto y conseguir un taxi bajo una lluvia torrencial. Merece la pena hacer amistad con él nada más llegar; una pequeña lubricación financiera en el momento de llegar, será un acierto.

13. *Entérese de las fiestas y las huelgas.* Es de suponer que una agencia de viajes eficaz le informará sobre las fiestas y las épocas de vacaciones, pero raras veces lo hacen, especialmente si las vacaciones son a mitad de un viaje de tres o cuatro días. Consiga un calendario internacional con tales fechas o pregunte antes. Seguir la pista de las huelgas locales es más difícil, pero se entrometen en la vida de un viajero con sorprendente frecuencia, y antes de salir merece la pena comprobar si hay alguna en curso.

Estos trece consejos de la suerte le ayudarán a superar la mayoría de los obstáculos que pueden entorpecer los viajes. Sin embargo, hay otros dos temas que deben tenerse en cuenta: ¿qué objetos útiles ha de llevarse y cómo debe arreglárselas a la vuelta?

Todos los viajeros experimentados acumulan una variada colección de artículos mascota, sin los cuales no les gusta ponerse en camino. Pueden llevarse un sacacorchos, o un cortaplumas suizo, un pito para llamar a los taxis, o —como recomienda una viajera— fotografías del marido y los niños con las que aplacar el ardor de los machos lascivos. Los que presentamos a continuación son más corrientes y merece la pena tenerlos en cuenta:

— un enchufe adaptador,
— una plancha de viaje,
— un spray para limpieza en seco,
— un pequeño juego de costura,
— analgésicos y antiácidos,
— cinta adhesiva.

Segundo, ¿cómo arreglárselas a la vuelta? Si ha estado ausente durante mucho tiempo, habrá una gran pila de papeles amontonados en su bandeja; y, además, tendrá que hacer rápidamente el trabajo derivado de su viaje. Con respecto a su bandeja, pida a su secretaria o a un ayudante que divida todo el material en tres categorías:

— documentos y cuestiones urgentes,
— documentos no urgentes,
— revistas y correo informal.

Si va a ir a su casa antes que al trabajo, haga que le envíen allí por adelantado todos los documentos y cuestiones urgentes, para poder revisarlos rápidamente antes de volver a la empresa; como alternativa, llegue una hora antes al trabajo para hacer lo mismo. Si va directamente al trabajo, procure entrar desapercibido y en silencio, con objeto de informarse antes de que empiece el barullo.

Tampoco debe dejar abandonados durante mucho tiempo los documentos que no sean urgentes, pues su secretaria puede haber clasificado erróneamente algo que requiera su inmediata atención. Pero una vez que haya comprobado por sí mismo que los documentos no urgentes son realmente no urgentes, déjelos a un lado para leerlos en el transcurso de las próximas setenta y dos horas. Y mire las revistas y el correo informal cuando pueda.

Tiene que poner a punto cualquier trabajo que derive del viaje, en un período de veinticuatro horas; si lo deja más tiempo, se escabullirá peligrosamente. No olvide escribir cartas de agradecimiento a la gente que haya sido particularmente útil u hospitalaria; y acuérdese de tomar notas personales de quien no lo ha sido y de aquellas cosas que salieron mal.

Por último, ningún viaje que dure más de veinticuatro horas debe suponer un trabajo sin descanso. Si se pasa varios días fuera, debe arreglárselas para tener, por lo menos, algunas horas de expansión.

Antes de salir, averigüe cuáles son los mejores lugares para comer y divertirse, caso de que le dejen que se las arregle solo; llévese su permiso internacional de conducir, por si quiere alquilar un coche; si va a algún lugar de clima templado, no olvide su equipo de baño; consiga un libro de frases, pues es posible que quiera apartarse de las rutas turísticas; y no olvide consultar al conserje.

> CONSEJO: Si tiene tiempo para hacer turismo pero le disgusta hacerlo en autocar, hágase con un folleto, decida cuáles son los lugares que más le llaman la atención y prepare un recorrido personal en taxi o a pie.

El desajuste horario

El desajuste horario que provocan los largos viajes en avión es, probablemente, el único achaque del género humano cuya existencia no ha podido darse hasta mediados del siglo XX y que ha creado la propia humanidad. Afortunadamente, aunque desagradable, no es una dolencia letal, precisamente.

El desajuste horario está causado principalmente por el trastorno de los ritmos biológicos y de la temperatura del cuerpo, resultantes de los cambios horarios. Sin embargo, los investigadores especializados en el tema han demostrado que hay otros factores que contribuyen asimismo a estos efectos, en particular:

— el estrés y la fatiga de volar;
— el nerviosismo y la aprensión relacionados con el objetivo del viaje;
— los aspectos arrítmicos de un ambiente desconocido: alimentación, clima, costumbres sociales y todo lo demás.

Todo esto, junto con la diferencia horaria, se combina y crea una sensación de agotamiento y apatía que es perjudicial para la concentración. Se ha demostrado que el tiempo necesario para la recuperación es, por término medio, de un día por cada hora de diferencia horaria —es decir, unos seis días por seis horas— y que hace falta un poco más tras un viaje a oriente que tras un viaje a occidente.

No podrá escapar totalmente a estos efectos, pero puede reducirlos al mínimo de tres maneras:

1. Ajuste su horario de sueño un par de horas en los días anteriores a la salida.
2. Pase un día sin hacer nada tras la llegada.
3. Después, incorpórese de lleno a las actividades sociales y los horarios locales; hay pruebas de que, cuanta menos atención se presta al desajuste horario, antes desaparece.

Por último, cuando sepa que va a padecer el desajuste horario, asegúrese de reservar en el hotel una habitación que tenga televisión, y que haya un servicio de habitaciones veinticuatro horas al día (cosa que, de ningún modo, es exclusiva de los establecimientos más lujosos). Es posible que quiera tomar un bocadillo a media noche o dormitar ante la televisión por la tarde y más vale que no tenga problemas para hacerlo.

Vacaciones

Ya hemos mencionado la posibilidad de dedicar unas cuantas horas de las vacaciones a lecturas de interés general y, con preferencia, a libros de temas empresariales que le ayuden a mejorar (capítulo 2).

Esta sección trata de la preparación de sus propias vacaciones y la forma de hacer frente a las de otras personas.

El hecho de prepararse para las vacaciones de una manera supereficiente redundará en su propio interés. Si las cosas van mal porque no dejó atados todos los cabos sueltos antes de marcharse, esto: a) no le granjeará las simpatías de sus jefes y colegas y, b) se encontrará con un lío espantoso cuando vuelva.

Para reducir al mínimo estos riesgos, debe llevar a cabo el siguiente plan de cinco puntos:

1. *Haga una limpieza de primavera antes de las vacaciones.* Haga un esfuerzo especial para terminar todos los trabajos posibles antes de marcharse y evite, encubiertamente si es preciso, emprender nuevas tareas durante la semana anterior a su marcha.
2. *Prepare un programa de «asuntos en curso».* Redacte un detallado informe sobre el estado de todos los proyectos, anotando quién está haciendo qué y qué debe hacerse para cuándo, y repártalo entre las personas a quienes concierna.
3. *Envíe un comunicado de «posibles problemas».* Éste debe enviárselo a su jefe, confidencialmente, avisándole de los posibles problemas que puedan surgir en los trabajos, con recomendaciones sobre cómo hacerles frente.
4. *Hable a todos sin excepción.* Telefonee o reúnase con todas aquellas personas que puedan ser causa de problemas, durante las cuarenta y ocho horas anteriores a su marcha, a fin de confirmar que saben exactamente lo que deben hacer en su ausencia y que no prevén complicaciones que usted no haya previsto.
5. *Espere un poco.* No se escabulla temprano, como hace casi todo el mundo, el día anterior a las vacaciones, sino quédese hasta un poco más tarde de lo normal para comprobar que todo está en orden y deje que se les vea el pelo a los problemas de última hora.

Una vez tomadas estas precauciones, dejar o no una dirección o un teléfono de contacto, depende totalmente de usted. Muchos ejecutivos odian las interrupciones durante sus vacaciones; otros, sólo pueden relajarse bien si saben que les comunicarán todos los desastres que ocurran, en lugar de dejar que se pudran. Es una cuestión personal.

Cuando les toque a sus colegas irse de vacaciones, ha de intentar convencerles de que es por su propio bien por lo que deben llevar a cabo el plan anterior. A primera vista, resultaría maravillosamente maquiavélico —en especial cuando no siente un gran amor por los compañeros implicados— dejar que metan la pata marchándose sin saber qué debe hacerse. Pero estas ideas tienen la mala costumbre de producir un efecto de rebote, y es posible que usted se encuentre resolviendo los problemas de otros, mientras éstos están de vacaciones, por no haberlo hecho ellos antes.

Dicho sea de paso, cuando las secretarias se van de vacaciones y llega una sustituta, resulta un verdadero lío asegurarse de que ésta es inteligente y competente; las incompetentes y poco inteligentes pueden desconcertar a los clientes, confundir a los compañeros y provocar un caos sin límites. Llámelas el día anterior para que reciban instrucciones detalladas y sepan dónde está cada cosa cuando lleguen para empezar a trabajar. (De lo contrario, se pasarán los dos primeros días preguntándole dónde está todo, y usted no tiene la más mínima idea, ¿verdad?)

Algunos ejecutivos prefieren irse de vacaciones a la vez que sus secretarias, argumentando que, de lo contrario, éstas se pasan tres o cuatro semanas al año trabajando muy poco o nada, mientras que su propia eficiencia se ve perjudicada por tener que echar mano de sustitutas. Aparte del cotilleo que provoca esta actitud, siempre es una idea poco acertada. Tanto el ejecutivo como la secretaria son empleados de la empresa, no uno del otro; y es en interés de la empresa el que alguien que sepa lo que sucede esté siempre disponible. Todas aquellas personas que se han pasado días enteros desfaciendo entuertos, cuando un ejecutivo y su secretaria se han largado a la vez, estarán totalmente de acuerdo.

Así pues, siempre que haya dejado a su secretaria y llevado a cabo el plan de los cinco puntos, váyase y que lo pase bien en sus vacaciones. (¿Está seguro de que no quiere dejar su número de teléfono?)

CAPÍTULO 7

TRATAR CON LA GENTE

Una vez llegados a la séptima y última llave de la supereficiencia, la rueda ha dado la vuelta completa. «Cuanto más eficientemente pueda tratar con otras personas, más eficiente será usted mismo», decíamos en la introducción a la primera llave, la comunicación persuasiva, citando la célebre máxima del poeta John Donne: «Nadie es una isla.»

Volvemos ahora a este tema crucial. En cierto modo, el primer capítulo era una trampa. Se centraba en responder a las preguntas relativas al «cómo» —cómo comunicarse, cómo escribir documentos, cómo hacer presentaciones— dando por sentadas las cuestiones más fundamentales: ¿qué debe comunicarse, cuándo y por qué? Sin embargo, a no ser que responda correctamente a estas cuestiones, podría acostumbrarse a comunicar cosas equivocadas, en momentos inoportunos, por motivos falsos, lo que difícilmente supondría una receta supereficaz para el éxito.

En el fondo, todos los principios de dirección son pautas para el trato con las personas: cómo motivarlas, cómo organizarlas, cómo delegar en ellas, cómo hacer que mejoren, cómo dirigirlas.

Las soluciones no son sencillas. Siendo como son los seres humanos —ambiciosos, susceptibles, egocéntricos, inseguros y, con frecuencia, quisquillosos— y, aún más importante, como no son —indefectiblemente atentos, alegres, diligentes, honrados y sinceros—, nadie logrará nunca tratarlos infaliblemente. (Todos los grandes líderes de la historia han dado al traste con algunas, o muchas, de sus relaciones personales.)

Por otra parte, la mayoría somos extremadamente buenos al tratar a la mayoría de la gente, la mayoría de las veces. Excepto cuando surgen situaciones críticas y discusiones, nos llevamos muy bien con compañeros y clientes, dependientes y vendedores, familia y amigos, sin ni siquiera pensar en ello.

Así pues, al igual que con la toma de decisiones y otros muchos aspectos de la supereficiencia, las diferencias existentes entre los que tienen capacidad para tratar con la gente y los que no tienen tanta, son diferencias de grado, no de clase. Todos tenemos una capacidad razonable para ello, ninguno somos perfectos, pero algunos, mejores que otros. Así pues, es probable que usted no necesite asistir a un curso largo y costoso de psicoterapia para perfeccionar su trato con la gente; lo único que necesita es dejar de hacer las cosas que hace mal y hacer un poco mejor aquellas que hace bien, lo cual no va más allá de las posibilidades de nadie.

Los cinco principios del trato con la gente

Volvamos, pues, a los cinco principios del trato con la gente —motivación, organización, delegación, mejora y liderazgo— y, sin olvidar que todos ellos tienen zonas de superposición, vamos a examinarlos uno a uno.

Motivación

Las motivaciones por las que trabaja la humanidad han sido definidas de distintas formas por los psicólogos, pero el análisis más aceptado es el de Abraham Maslow [1], quien ideó la siguiente jerarquía de motivaciones (empezando por la última):

— Autorrealización (logros).
— Autoestima (posición).
— Necesidades sociales (aceptación).
— Necesidades de seguridad (protección del peligro).
— Necesidades fisiológicas (hambre, sed, sueño).

Maslow afirma que, cuando una necesidad ha quedado satisfecha, surge la que va a continuación en la lista. Así pues, las personas que tienen hambre, sed, frío o miedo, no se preocupan demasiado por la autorrealización o la autoestima, hecho que ha quedado confirmado por numerosos estudios psicológicos, aparte del de Maslow.

---

[1] Abraham H. Maslow, *A Theory of Human Motivation,* Penguin Books, Londres, 1970.

No ha resultado tan fácil comprobar que esto mismo sea aplicable a los niveles más altos de la lista, en los que se mueven la mayoría de los ejecutivos. En realidad, se ha demostrado que los directores de más alto nivel conceden una gran importancia a la autonomía y a la autorrealización, pero los descubrimientos plantean el inevitable problema del huevo y la gallina: ¿los directores que llegan a la cumbre buscan la autorrealización o viceversa?

Afortunadamente, desde nuestro punto de vista pueblerino, esta disputa bizantina es, bueno..., bizantina. El hecho crucial, raras veces discutido, es que los ejecutivos están motivados, en primer lugar, por la autorrealización y la autoestima, y en segundo, por la aceptación social. Si tiene esto en cuenta, gran parte de las siguientes directrices encajarán con toda lógica.

La motivación es un proceso con miras al futuro. El grado en que nos sentimos motivados para llevar a cabo una tarea depende de que el hecho de llevarla a cabo nos ayude a lograr los resultados que deseamos. De donde se deduce que la proposición de sentido común que dice que la gente se siente motivada para realizar actos que les conducirán hacia las cosas que quieren (y a evitar las cosas que no quieren), depende de las recompensas (y los castigos). (O, como seguramente demostrarán algún día los investigadores especialistas en psicología asnal, de las zanahorias y los palos.)

Para traducir todo esto a nivel de oficina, si usted quiere lograr la perfecta motivación de aquéllos con quienes trabaja, necesita estimularles continuamente, no a base de prometerles recompensas económicas, sino ayudándoles a incrementar su autorrealización y autoestima. (Por supuesto, la recompensa económica desempeña un papel vital a modo de refuerzo de la autoestima pero, para mucha gente, el dinero es un medio, no un fin, razón por la cual la mayoría de los ricos siguen trabajando, aunque económicamente no lo necesiten.)

Igualmente importante, debe hacer que las recompensas estén en relación directa con los esfuerzos realizados. Esto es algo de lo que cada cual ha de darse cuenta por sí mismo y saber que usted también se percata de ello. Ésta es la base de la dirección por objetivos (DPO): si los objetivos de trabajo de los empleados están claramente definidos y expuestos, pueden colmar su autorrealización y autoestima alcanzando esos objetivos, impulsados por el hecho de saber que sus superiores y compañeros tendrán también conocimiento de sus logros.

Gran parte de esta motivación (en particular los comentarios relativos a la DPO) sólo puede y debe comunicarse con escasa frecuencia: en las revisiones salariales anuales o en el momento de la evaluación anual. Es imposible y poco aconsejable estar continuamente encima de la gente para ver si consiguen o no sus objetivos a largo plazo. Uno de los fines principales de la DPO es estimular a las personas a que se estimulen a sí mismas: autorrealización y autoestima.

Sin embargo, la motivación es cosa de todos los días: no se puede motivar a la gente —aunque muchos ejecutivos lo hacen— animándoles el día de su evaluación anual y evitando toda implicación personal los restantes 364 días. Así pues, presentamos a continuación cinco consejos que le ayudarán a motivar a todos los que están con usted durante todo el año:

— *Elogie lo que sea digno de elogio.* A muchos ejecutivos les resulta violento dar la enhorabuena cuando un trabajo está bien hecho, en particular si no está perfecto. Si es usted víctima de dicha enfermedad, debe curársela: vuelva a las normas de la comunicación persuasiva, decida de antemano lo que va a decir, ensaye si es necesario y después, oblíguese a hablar sonriendo (la sonrisa disimulará su nerviosismo). Pronto le será tan fácil como respirar.

— *Pero no se exceda.* Si habla con demasiada efusión y hace alabanzas con excesiva frecuencia o facilidad, depreciará el valor del elogio. La regla a seguir es: a veces, con entusiasmo y sinceramente; no sin parar, con labia y sin convicción.

— *Busque aquello que sea digno de elogio.* Como Blanchard y Johnson dicen en *The One Minute Manager* [1]: «Pílleles haciendo algo bien.» Si indirectamente oye un comentario sobre cualquier cosa bien hecha, aproveche la ocasión para felicitar a la persona responsable. El aplauso es más dulce cuando llega por sorpresa.

— *Las broncas, de prisa.* Cuando tenga que echar una bronca, es vital que lo haga rápido. Las broncas son tan intrínsecas a la motivación eficaz como los elogios, siempre que la persona implicada las acepte y comprenda, otra razón por la cual es tan crucial no retrasarlas (véase capítulo 3, y ¡no sea indeciso!).

— *Sea concreto.* Tanto en las alabanzas como en los reproches, sea concreto; no comente aptitudes o actitudes generales —eso es para el momento de la evaluación—, céntrese en el hecho concreto y hágale saber a la persona implicada por qué usted, y la empresa, consideran este hecho con agrado o desagrado.

Por último, si usted es responsable de un departamento o incluso de un pequeño grupo de personas, celebre frecuentes reuniones abier-

[1] *Op. cit.*

tas en las que estimulará a todo el mundo a ser totalmente franco y abierto. Al principio no será así pero, tras varias sesiones, adquirirán confianza; y si no hablan sinceramente en estas ocasiones, es que no tendrán muchos motivos para gruñir a sus espaldas. Una buena idea es celebrar un «lunch» de trabajo, a base de bocadillos; una vez al mes es suficiente. En realidad, estas sesiones no deben celebrarse con mayor frecuencia pues, de lo contrario, perderán su verdadero sentido y degenerarán en fiestas de cotilleo.

CONSEJO: La mejor motivación es hacer entretenido el trabajo, por ello, nunca debe ser remilgado a la hora de bromear con todos sin excepción (pero la falsa jocosidad es terriblemente embarazosa y debe evitarse como un cheque sin fondos).

ORGANIZACIÓN

La organización, al igual que el proceso de datos y la tecnología informática, es en la actualidad un tema de alta especialización y no son muchos los ejecutivos que tienen la oportunidad de ser el cerebro de una reorganización estructural importante. Sin embargo, la mayoría de ellos, de vez en cuando tienen que organizar, o reorganizar, pequeños grupos y es entonces cuando resulta vital conocer los principios que la informan.

En primer lugar, y como punto más importante, ninguna estructura organizativa funcionará bien sin la participación de buen grado de los principales directivos («principal» es aquí un término comparativo: en un departamento pequeño, los principales directivos pueden ser muy poco «principales» en la escala jerárquica de la empresa).

Fíjese en las palabras «de buen grado». Están a medio camino entre entusiasmo y antagonismo. Hace ya tiempo, se creía que las estructuras organizativas podían imponerse a la gente, con o sin su consentimiento. Algunas compañías autocráticas siguen funcionando así. Es la forma más segura de perder a las personas que valen. Sólo las que no puedan encontrar otro empleo pasarán por el aro y aceptarán reorganizaciones que no sean de su agrado.

Por otra parte, es extraño que la gente que va a sufrir la reorganización acoja el nuevo orden con entusiasmo (a no ser que el resultado sea un ascenso). Como se ha subrayado antes, a casi todo el mundo le desagradan casi todos los cambios que se producen en su vida.

Así pues, su trabajo como organizador consiste en lograr el consentimiento de buen grado, pero no sea excesivamente optimista pensando que va a conseguir mucho más. Para lograr el consentimiento de buen grado, debe presentar su plan persuasivamente, echando mano de toda la habilidad que posea en presentaciones y técnicas de ventas (y que aprendió en el capítulo 1). Cualquier intento de menor entidad para convencer a las personas clave, terminará en hostilidad e ineficiencia, por lo menos temporal y, posiblemente, permanente.

El segundo factor importante con respecto a las estructuras organizativas, muy conocido entre todos los consultores de dirección, es que funcionan a dos niveles: formal e informal.

El formal es la estructura oficial, como se define por escrito, llena de títulos, organigramas con recuadros y líneas de puntos entre éstos. El informal es la matriz de las relaciones interpersonales que hacen que aquélla funcione. Si dos ejecutivos se odian, no trabajarán juntos de forma constructiva, por muchas líneas de puntos que trace entre sus recuadros. Las organizaciones triunfadoras funcionan a ambos niveles, formal e informal; ninguna puede funcionar bien en cualquiera de ellos sin el otro.

El tercer factor importante sobre las estructuras organizativas es que no existen estructuras organizativas perfectas. Ésta es la razón, aparentemente inexplicable, por la cual los consultores de dirección a veces centralizarán, descentralizarán y después recentralizarán una compañía, a lo largo de los años. Los observadores escépticos suponen que el objetivo de estas mutaciones es, simplemente, mantener ocupados a los consultores de dirección. Una explicación, más comprensiva y realista, es que, de vez en cuando, hay que coger y agitar de arriba a abajo a la mayor parte de las empresas e instituciones, y las reorganizaciones oscilatorias catalizan el proceso. La estructura, ya sea centralizada o descentralizada, no tiene tanta importancia como el esfuerzo mental al que obligan dichas transformaciones.

Así pues, bien vale la pena revisar cada dos años la estructura de cualquier departamento que esté bajo su responsabilidad, aunque parezca que el trabajo marcha bien. No cambie sólo por cambiar; pero asegúrese plenamente de que no se resiste al cambio sólo por los dolores de cabeza y la oposición que va a generar.

Cuando lleve a cabo una reorganización estructural, tenga en cuenta estos tres principios:

1. *Un jefe por persona.* Exceptuando las responsabilidades funcionales de las «líneas de puntos» —por ejemplo, al departamento de compras o al de contabilidad— siempre es preferible que

cada persona dependa de un solo jefe. Con ello se evitan órdenes conflictivas, exigencias conflictivas con respecto al tiempo de cada individuo, lealtades conflictivas y, por consiguiente, conflictos entre los distintos jefes.

2. *Cuantos menos niveles, mejor.* El exceso de niveles jerárquicos impide la comunicación, reduce al mínimo la satisfacción por el trabajo y da lugar a un trabajo innecesario; más liso es mejor que más profundo.
3. *Evite las descripciones detalladas de los cometidos.* En teoría, especificar con todo detalle los cometidos de un puesto supone una ayuda para que los ejecutivos puedan saber exacta y concretamente lo que implica su trabajo; en la práctica, esto se traduce en ideas exentas de miras y peleas por la demarcación. Si no tiene más remedio que hacerlas, procure que sean breves, lo más abiertas posible y relaciónelas con objetivos, no con actividades.

Aunque hemos mencionado de pasada los organigramas, éstos, siempre que sea posible y al igual que las descripciones de los cometidos, deben evitarse. Hacen a la gente excesivamente consciente de su superioridad o inferioridad, hacen que sea más difícil cambiar las cosas en el futuro y bloquean las relaciones personales. Como dice Robert Townsend en su famosa obra *Up the Organization*[1]: «No les dé forma, ni los imprima, ni los haga circular. Las buenas organizaciones son cuerpos vivos que desarrollan nuevos músculos para hacer frente a los desafíos.»

Delegación

Una de las artes directivas más difíciles es la delegación. Las dos dificultades principales estriban en mantener el equilibrio entre la delegación por exceso y por defecto, y la supervisión por exceso y por defecto. Sin embargo, está claro como el agua que usted no puede triunfar, a no ser que aprenda a delegar con éxito. Si sigue dedicándose a las tareas rutinarias, nunca encontrará tiempo para la planificación, la creatividad, la construcción de la empresa. Lo más seguro es que no sea, o no parezca ser, supereficiente.

Muchos teóricos de la gestión directiva confunden y embarullan la cuestión, pero, en realidad, sólo hay tres tipos de delegación:

1. *Delegación de los trabajos rutinarios.* Comprende los trabajos

[1] Robert Townsend, *Up the Organization,* Michael Joseph, Londres, 1971.

que, sin duda alguna, un día harán los ordenadores, pero que ahora los llevan a cabo las personas; tareas que requieren poca (o, con frecuencia, *ninguna*) creatividad e imaginación, trabajos que pueden hacerse maquinalmente.

2. *Delegación de los trabajos especializados.* Comprende los trabajos que pueden, y deben, hacer los especialistas de contabilidad, de derecho o de diseño. Éste es un tipo de delegación comparativamente sencillo, pero muchos ejecutivos meten la pata comportándose como si fueran seres del Renacimiento, capaces —como Leonardo da Vinci— de hacerlo todo ellos solos. Los especialistas no siempre tienen razón pero, si son buenos, vale la pena escucharles. Puesto que la vida moderna se presenta cada vez más compleja, los altos directivos que triunfan se sirven de consultores y consejeros especialistas.

CONSEJO: Siempre que pueda, busque el consejo de un experto y rechace las dos terceras partes de ese consejo.

3. *Delegación de los trabajos de formación.* Éste es el tipo de delegación más difícil pero, en muchos aspectos, el más importante. Comprende los trabajos que servirán de desafío y formación a sus subordinados, trabajos para los que se requieren ideas y creatividad, que bien podría haber realizado usted mismo, y en los cuales se verá personalmente involucrado en una fase posterior. Éstas son las tareas delegadas que, bien llevadas, motivarán, estimularán y satisfarán a aquellos que trabajan para usted (quienes no sienten por los trabajos rutinarios más entusiasmo que el que usted mismo sentía).

Centrándose principalmente en este tercer tipo de delegación (aunque las normas se aplican, en general, a los tres) y al delegar cualquier trabajo importante, debe estar seguro de que las personas involucradas comprenden los nueve puntos siguientes:

— por qué es necesario hacer el trabajo;
— qué se espera que hagan;
— la fecha en que debe estar terminado;
— la autoridad que tienen para tomar decisiones;
— los problemas que deben serle remitidos a usted;

— los informes relativos a los progresos, si hay alguno, que deben producirse;
— los medios y ayudas disponibles para hacer el trabajo;
— el presupuesto disponible, si procede;
— la forma exacta del informe o recomendación definitivo que ha de presentarse.

Una vez examinados a fondo estos nueve puntos, deje que sus subordinados sigan solos con el trabajo. Si se encuentra con ellos en el pasillo, pregunte alegre (pero retóricamente): «¿Cómo va...?» Hágales saber que su puerta está siempre abierta, por si se quedan atascados. Pero no les pida, bajo ningún concepto, que le informen continuamente de los progresos que se hacen hora a hora, o creerán que no confía en ellos y se desanimarán. De cualquier modo, si su idea era interesarse tanto en el trabajo, ¿por qué diablos no lo hizo usted mismo?

Sin embargo, a no ser que conozca muy bien al subordinado y, por lo tanto, tenga plena confianza en él, nunca suponga que la recomendación va a ser correcta. Fije una fecha para examinar juntos el trabajo. (Por nada del mundo archive las recomendaciones de sus subordinados sin responderlas: es una gestión garrafal y terriblemente desmoralizadora, y se da mucho.) Deje tiempo suficiente para que se hagan numerosas revisiones, si se estima que son necesarias. Sobre todo, nunca tenga miedo a criticar.

Uno de los pecados más atroces de la delegación es ser excesivamente blando con los subordinados. Muchos ejecutivos —ya sea porque no quieren herir los sentimientos de sus subordinados o porque no tienen agallas— aceptan un trabajo que saben que no va a ser perfecto y después, lo cambian en secreto, a espaldas del subordinado; o dejan que siga adelante y luego echan la culpa al subordinado (probablemente, también a sus espaldas) cuando alguien tira el proyecto a la basura.

Esta debilidad de carácter, en vez de ayudar al subordinado, le perjudica, echa por tierra —justificadamente— la reputación del ejecutivo como director y resulta una pérdida de tiempo. David McClelland, profesor de Harvard —uno de los especialistas más famosos del mundo en técnicas directivas de motivación— publicó un artículo titulado «Los buenos tipos crean malos jefes»[1] y el título lo dice todo.

En contraste, una de las formas más motivadoras de la delegación

[1] David McClelland, «Good guys make bum bosses», en *Selected Papers: Motives, Personality and Society,* Praeger, Nueva York, 1984.

de formación, a veces llamada delegación «suave», es pedir ayuda a los subordinados con respecto a un problema enrevesado que le ha dejado temporalmente confuso. La petición debe hacerse de manera informal, incluso casual, casi como si le estuviera pidiendo un favor a un amigo: «Si puede ayudarme a resolver esto le estaré eternamente agradecido, pero no se preocupe si no puede. Me harán falta las ideas que se le ocurran para el próximo viernes...»

Esta delegación suave es estimulante, halagadora y da buenos resultados. Cuando Robert Magaven llegó a ser director de la supereficaz cadena de supermercados American Safeway, empleó una forma refinada de delegación suave y dijo a sus directores de división: «Yo no sé nada del negocio de comestibles, pero ustedes sí. A partir de ahora, dirigirán sus divisiones como si fuera su propio negocio. No recibirán órdenes de nadie, excepto de mí y yo no voy a dar órdenes. Voy a hacerles responsables.» Esto es recompensa y castigo, zanahoria y palo, todo a la vez.

CONSEJO: Cuando delegue, pida siempre a las personas implicadas que establezcan su propio calendario, y después que lo reduzcan en un 20 % aproximadamente (un día de cada cinco). Esto, además de acelerar las cosas, un objetivo de por sí deseable, hará que la gente se desentumezca y se mantenga alerta, sin ser causa de tensiones ni estrés innecesarios. (Y si el trabajo de diez días verdaderamente no puede hacerse en ocho —caso raro— puede estar seguro de que se lo dirán vehementemente.)

MEJORA

La actuación de las personas que trabajan con y para usted, e, indirectamente, la suya, mejorarán si les ayuda. Esto —sin duda ya lo habrá comprobado— deriva de la contribución crucial de otras personas a la supereficiencia de usted.

Para ayudar a la gente a mejorar, es esencial pensar en términos de jardinería, no de fabricación. Las personas no son máquinas: sus mentes y motivos no pueden reestructurarse y rehacerse como si fueran objetos físicos. La «ingeniería humana» es una frase necia, que da por supuesta una causalidad científica que ni existe ni existirá nunca. Está bien para la ciencia-ficción pero no dará resultado en el departamento de ventas. (La ciencia-ficción es ficción, no ciencia.)

Ésta es la razón por la cual la analogía de la jardinería es mucho más adecuada. Al igual que un jardinero, usted puede crear las circunstancias que estimularán a sus plantas a sacar el máximo partido de sus posibilidades, o puede maltratarlas e impedir su crecimiento. Usted no tiene facultades para que una cebolla se transforme en tomate, pero sí para hacer que sus tomates sean los mejores de la ciudad. Douglas MacGregor escribe en su obra clásica *The Human Side of Enterprise* [1]:

> El ambiente de trabajo del individuo es el factor que más afecta a su desarrollo. A no ser que el ambiente contribuya a su desarrollo, nada de lo que hagamos por o para él será eficaz.

El profesor Peter Drucker dice lo mismo, pero mucho más resumido [2]: «El desarrollo es siempre autodesarrollo.»

Así pues, lo mejor que puede hacer para que los demás mejoren es ayudarles a mejorar por sí mismos. Ya hemos hecho hincapié en este punto en las secciones sobre motivación (*auto*rrealización y *auto*estima) y delegación (delegación *suave*).

Los dos conceptos fundamentales para ayudar a la gente (y a las plantas) a llevar al máximo su potencial son la disciplina y el estímulo. Ya hemos mencionado antes la disciplina en distintas ocasiones: debe ser clara, específica, firme, honesta y objetiva. El estímulo —en particular durante las evaluaciones anuales— es casi más difícil.

Por esta razón resulta tan vital (cf. «Elogie lo que sea digno de elogio», «Pero no se exceda», página 132) dar a las cosas el tono correcto. En sus esfuerzos por estimular a los demás, los directores suelen volverse zalameros o pomposos, utilizando tópicos vagos y victorianos. Si se acuerda de su expediente escolar, no utilice las palabras con que estaba escrito («...un buen esfuerzo... un trabajo que vale la pena... progreso constante... debe esforzarse más», y el resto). Dichas frases, en lugar de crear un vínculo de unión, harán que aumente la distancia entre usted y su subordinado y, en vez de ayudarle, dificultarán la comunicación persuasiva. Es vital que se relaje, sea coloquial y no se muestre estirado, cosa que tiene especial importancia si hay una cierta diferencia de edad entre ambos.

Todos los elementos anteriormente mencionados forman parte del liderazgo, el quinto principio de dirección, que vamos a abordar ahora.

---

[1] Douglas MacGregor, *The Human side of Enterprise,* McGraw-Hill, Nueva York, 1960.

[2] Peter F. Drucker, *The Practice of Management,* William Heinemann, Londres, 1955. (Hay traducción: *La gerencia de empresas,* Editorial Sudamericana, Buenos Aires.)

LIDERAZGO

Se han escrito tanto libros y se han presentado tantas teorías sobre el liderazgo que es imposible hacer aquí justicia al tema. Hecha esta salvedad, debemos, sin embargo, estudiar los preceptos principales del liderazgo, que muchos psicólogos han analizado durante los últimos años, pero que, fundamentalmente, no han cambiado con el paso de los siglos.

A lo largo de la historia, los pensadores han discutido si los líderes nacen o se hacen. No hay duda de que ciertos individuos poseen una cualidad llamada *carisma.* («Carisma», dicho sea de paso, una palabra mal empleada, significa literalmente «regalo de Dios», en otras palabras, algo con lo que se nace y no se puede adquirir.) Los líderes carismáticos —como Julio César y Juana de Arco, Adolfo Hitler y Alejandro Magno— nacen con una característica peculiar que hace que la gente les siga allí donde vayan. El que el carisma sea una cualidad exclusiva que diferencia a los que la tienen de los que no la tienen, o el que sea una cualidad universal que todo el mundo tiene en cierto grado (como la inteligencia), pero que algunas personas poseen en mayor medida que otras, son preguntas que nunca se han resuelto. (Yo me inclino por lo último.) En cualquier caso, tenga o no carisma, indudablemente puede aprender a ser mejor líder, al igual que muchos oficiales corrientitos del ejército pueden aprender a ser grandes líderes en combate.

Para ser eficientes, los líderes deben tener iniciativa y consideración. Presentamos una definición del comportamiento del líder, especificada en treinta puntos. Cuanto más se ajuste a ella, más eficaz será su liderazgo.

Iniciación. Los buenos líderes:

— dejan claras sus actitudes al personal;
— prueban nuevas ideas con el personal;
— critican el trabajo mal hecho;
— asignan tareas concretas a miembros de su staff;
— hablan de manera que no haya dudas;
— mantienen unas normas definidas de actuación;
— hacen hincapié en el cumplimiento de las fechas tope;
— estimulan el empleo de procedimientos uniformes;
— se aseguran que todo el mundo comprenda su papel en la empresa;
— piden al personal que siga las reglas y normas estándar;

— comunican a los miembros del personal lo que se espera de ellos;
— se aseguran de que los miembros del personal trabajen a pleno rendimiento;
— aseguran la coordinación del trabajo;
— nunca trabajan sin haber trazado un plano mental;
— están dispuestos a hacer los cambios necesarios.

Consideración. Los buenos líderes:

— hacen favores personales a los miembros del personal;
— hacen pequeñas cosas que hacen más agradable el trabajo;
— se les entiende fácilmente;
— encuentran tiempo para leer;
— se preocupan del bienestar del personal;
— están dispuestos a explicar sus actos y decisiones;
— se apresuran a aceptar las nuevas ideas;
— son afables y accesibles;
— tratan a todos como iguales;
— hacen que el personal se sienta a gusto al hablar con ellos;
— ponen en práctica las buenas ideas presentadas por el personal;
— buscan la aprobación del personal en cuestiones importantes antes de seguir adelante;
— no son ermitaños;
— puede convencérseles de que se han equivocado;
— nunca gobiernan con mano de hierro.

Estos treinta puntos podría decirse que son la «especificación del puesto» del jefe perfecto, y los jefes perfectos son, como los unicornios, seres míticos. Pero, tal y como hemos indicado con relación a muchos otros aspectos de la supereficiencia, el que la perfección sea inalcanzable no es excusa para tirar la toalla.

CONSEJO: Seleccione las tres cualidades del liderazgo en las que sepa que puede mejorar con más facilidad y dése tres meses para mejorarlas. Y después, ¿qué le parece probar con otras tres...?

Los cinco principios del trato con el personal —motivación, organización, delegación, mejora y liderazgo— son directrices para mejorar sus relaciones, en particular con sus colegas y subordinados. Sin embargo, hay además dos grupos de personas que requieren especial consideración: las secretarias y los jefes.

Secretarias

Casi todo el mundo está de acuerdo en que las tres personas más importantes en la vida de los ejecutivos son, por este orden. sus esposas, sus jefes y sus secretarias. Los que no están de acuerdo, normalmente creen que las secretarias son mucho más importantes que las esposas y los jefes.

Así pues, el primer elemento esencial es elegir una buena secretaria. Los entendidos dirían que la palabra «buena» no vale y que sería mejor la palabra «adecuada»; debe seleccionar una secretaria *adecuada* para usted, porque cada jefe tiene distintas necesidades. Mi experiencia es contraria a este punto de vista. Las buenas secretarias son buenas para todo el mundo, las malas secretarias son espantosas.

Evidentemente es preferible encontrar una secretaria cuya personalidad sea compatible con la del jefe. No obstante, la compatibilidad no es tan esencial como que sea competente. Y las secretarias excelentes son tan escasas que resulta una idiotez ser demasiado exigente respecto a la personalidad.

La única habilidad de una secretaria que prevalece sobre todas las demas es la mecanografía: velocidad, exactitud y presentación. Si la mecanografía de una secretaria es lenta, siempre irá atrasada y nunca tendrá tiempo para hacer otras cosas; si su mecanografía es inexacta, perderá un tiempo interminable repitiendo todo, y si no tiene vista para la presentación, sus cartas (las de *usted*), darán la impresión de insignificantes y poco profesionales.

Así pues, antes de contratar a una secretaria, compruebe su mecanografía por sí mismo. No se fíe del departamento de personal o de secretaría. Es posible que sus normas relativas a la presentación no sean tan rígidas como las de usted; tal vez lo único que quieren es que se ocupe ese puesto y pasar al siguiente, ¿quién sabe? Pero es usted quien debe pagar el pato cuando ella escriba «Activas ventas en la cama» en lugar de «Activar ventas en La Coma».

Si su mecanografía es correcta, hay posibilidades de que no sea tonta, que su taquigrafía (si la domina) sea buena y que su forma de archivar resulte notable, puesto que, al parecer, normalmente estas cosas van todas juntas. El único punto importante que falta por comprobar es su habilidad al teléfono y también vale la pena examinarlo atentamente. Por desgracia, no es fácil.

> CONSEJO: Si es factible, haga que la aspirante a secretaria se encargue de sus llamadas durante un par de horas antes de contratarla. Si los hados se ponen a su favor (y en contra de ella), durante ese par de horas recibirá llamadas, por lo menos, de algún cliente furioso, de un inoportuno vendedor de seguros de vida y de algún empleado despistado de otro departamento, que está seguro que usted es alguien que no es: la prueba será perfecta.

Habiendo elegido a su secretaria, que se acerca al máximo a la perfección por el ridículo sueldo que la compañía esta dispuesta a pagarle, debemos suponer que está al tanto de cuáles son las tareas de una secretaria y puede ocuparse a fondo de la rutina diaria de la oficina. (Eso, al fin y al cabo, es por lo que la eligió.)

Además de todas las normas y directrices importantes anteriormente mencionadas (en especial, repetimos, «Elogie lo que sea digno de elogio, pero no se exceda») presentamos siete máximas especiales que le ayudarán a que su secretaria sea completamente feliz.

1. *Manténgala ocupada.* A las buenas secretarias les aburre estar sin hacer nada y cuando el diablo no tiene nada que hacer, mata moscas con el rabo. (Probablemente empezará a mecanografiar solicitudes de empleo.)
2. *Manténgala informada.* Dígale dónde va, quién viene, cuáles son sus planes, por qué suceden las cosas. Ni podrá, ni querrá, hacer su trabajo, si usted no hace el suyo.
3. *No la interrumpa.* Déle un montón de trabajo y deje que lo haga, después entréguele otro montón. No se lo dé a trocitos, cosa que resulta tan irritante como ineficaz.
4. *No le haga perder el tiempo.* Los estudios de investigación de mercado relativos a las secretarias indican que lo que más odian son los jefes que les hacen perder el tiempo: las llaman para el dictado de una carta y después salen corriendo hacia otro despacho, o les piden que se queden para hacer un trabajo urgente y luego se olvidan de decirles que se ha retrasado.
5. *No empiece a trabajar a las 4,30.* A las buenas secretarias no les gusta dejar trabajo sin terminar por la noche, pero tampoco les gusta trabajar con regularidad hasta tarde a causa de la incompetencia de sus jefes. Mantenga una larga sesión de trabajo con ella, una vez haya despachado el correo por la mañana y así podrá terminar la mayor parte de las tareas durante el día.

6. *Delegue, delegue.* Permita que ella se haga cargo de todos los trabajos que pueda (y se atreva) dejar a su propia iniciativa; busque tareas no rutinarias, pero no le pida que haga encargos, a no ser que sea absolutamente vital, y no la implique en cuestiones familiares privadas, a no ser que, y hasta que, la conozca bien.
7. *Confíe en ella.* Eso es una consecuencia de «Manténgala informada», pero implica mayor exigencia. Las buenas secretarias aprenden —si no nacen así— a ser extraordinariamente discretas. En asuntos de negocios, usted puede, debe y tiene que confiar en ellas sin reserva. Si no lo hace, seguro que lo descubrirán, se lo tomarán a mal y, o se irán de la empresa o, lo que es peor, decidirán que las cosas que usted se digna decirles no pueden ser tan terriblemente secretas, por lo que podrían contarlas.

Jefes

Al comienzo de mi carrera, uno de mis clientes, que resultó ser japonés, me entregó un informe para una nueva campaña publicitaria. Tal vez, en parte, porque era japonés y nuestra comunicación distaba mucho de ser perfecta, decidí pasar por alto su informe casi por completo y preparé una campaña que consideré maravillosa. Cuando le presenté la campaña a él y a su equipo, el cliente se enfureció, me acusó, con razón, de no haberle hecho ningún caso y seguramente albergó la atractiva idea de despedirme en el acto.

Al día siguiente, su primer ayudante, que era inglés, me telefoneó preguntándome por qué había intentado hacerme el hara-kiri. Aparte de otras consideraciones, dijo, su jefe estaba lívido porque le había puesto en evidencia ante sus subordinados.

Le expliqué, muy estirado, que simplemente había hecho una campaña que creía que estaba bien. ¿No era ese mi trabajo?

«Ni usted ni yo», contestó el subordinado, «tenemos posibilidades de llegar a la cumbre si intentamos imponernos a nuestros jefes y demostramos en público que están equivocados.»

Punto aceptado y aprendido. Es esencial ceñirse a los deseos de su jefe (en este caso, de un cliente) si quiere tener éxito y ser supereficiente. Esto no significa caer en un servilismo humillante y adulador. Por el contrario, es una firme recomendación; si quiere que las cosas se hagan a su manera, normalmente tendrá que conseguir la conformidad de su jefe.

(Si continuamente deja de conseguir la aprobación de su jefe, continuamente no se harán las cosas a su manera. Esto puede ser culpa de su jefe, en cuyo caso no tiene otra alternativa más que cambiarse de trabajo; por otra parte, es posible que no sea culpa de su jefe...)

Conseguir la conformidad de su jefe es algo muy similar a conseguir la conformidad de cualquier otra persona. Tendrá que desplegar todas las artes que conozca sobre comunicación persuasiva. Además:

— *Establezca cómo debe presentarle las recomendaciones.* ¿Debe comunicarse de palabra o por escrito? Si es por escrito, ¿presentando toda la documentación o un resumen? ¿Prefiere su jefe mantenerse al tanto de las ideas a medida que avanzan, o sólo cuando se han desarrollado?
— *Determine sus filias y fobias, sus caprichos y prejuicios.* En otras palabras, debe tratar a su jefe como a un cliente. Si va a decir algo que le molesta, hágalo a sabiendas, no a ciegas.
— *Sea oportuno.* ¿Su jefe es alondra o búho? Raras veces es aconsejable comunicar las malas noticias al final de un día largo y pesado. Compruebe de antemano el humor de su jefe preguntando a la secretaria de él y asegúrese el favor de ésta. Las secretarias pueden ser enemigos terribles.
— *Decida cuándo es mejor ir arropado.* A algunos jefes se les convence más fácilmente exponiéndoles un argumento en grupo, de común acuerdo; otros prefieren tratar con las personas individualmente y les molestan las multitudes.
— *Acepte sus ideas y correcciones.* Muchísimos ejecutivos intentan defender a capa y espada sus proyectos hasta la muerte y se resisten con obstinación a cualquier cambio sugerido por su jefe, sea malo, bueno o indiferente. Dicho comportamiento denota una acusada inseguridad; los subordinados inteligentes acogen bien las sugerencias que tienen sentido.
— *Evite el enfrentamiento abierto.* Como indicaba la anécdota del principio, siempre es una tontería intentar poner a su jefe en evidencia ante otras personas. Si piensa que ya no puede evitar un enfrentamiento a puñetazos, metafóricamente hablando, hágalo en privado y sea oportuno (y asegúrese de tener preparado un «madán»).

Por último, sobre el tema del trato con los jefes, lógicamente conseguirá su conformidad con más facilidad si se mantiene en buenas relaciones con ellos, lo cual es posible si sigue estas sencillas reglas:

— Manténgales informados cuando las cosas van mal: no les suelte los desastres de repente.
— Admita siempre los errores: si alguna vez su jefe sospecha que miente con respecto a sus faltas, no volverá a confiar en usted.
— Cuando su jefe cometa un error, no insista o diga: «Ya se lo dije»; ser jefe tiene ciertos privilegios (y esa es la razón por la que usted quiere ser jefe).
— En ocasiones, entregue los trabajos antes de lo necesario; si siempre va rozando la fecha tope, su jefe lo notará y no es probable que le impresione favorablemente.
— Sea fiel; la lealtad puede estar anticuada pero no pasada de moda y las personas que no son fieles a sus jefes no se ganan el respeto de nadie. (Si no puede ser fiel, váyase.)
— Convierta los problemas en soluciones; nunca presente un problema a su jefe hasta que no haya intentado a fondo buscarle la solución; si no puede hacerlo, dígalo, pero que nunca se dé el caso de que le indiquen una a la que usted podría haber llegado fácilmente, si se hubiese preocupado.

Teniendo firmemente controlados a sus colegas y sus subordinados, a su secretaria y a su jefe, vamos a terminar este capítulo sobre el trato con el personal dejando a un lado las ambiciones y motivaciones de usted y analizando las de los demás.

Los motivos de los demás

Uno de los mejores consejos que he recibido en mi vida me lo dio uno de mis primeros jefes: «Mientras escuchas lo que dice una persona piensa siempre por qué lo dice.»

La recomendación de llevar a cabo esas continuas contorsiones mentales no es tan difícil como parece. Con la práctica, se convierte en algo natural. Sin embargo, entraña tres riesgos peligrosos:

— prestar poca atención a las palabras;
— atribuir intenciones de manipulación a quien no las tiene;
— sacar conclusiones precipitadas.

Prestar poca atención a las palabras

Mucha gente en las empresas se encuentra totalmente fascinada, e incluso obsesionada, por las luchas de poder. Olvidan que toda organización tiene como finalidad actuar eficazmente y alcanzar unos objetivos; empiezan a creer que las maniobras y manipulaciones son fines en sí. Dichas personas —hay muchas en las grandes empresas— frecuentemente adoran el cotilleo y el chismorreo y están mucho más interesadas en quién le está haciendo tal cosa a tal persona que en lo que la organización consigue en su conjunto. Tan autodestructivo es obsesionarse totalmente por la política interna como no hacer ningún caso de ella. Cuidado.

ATRIBUIR INTENCIONES DE MANIPULACIÓN A QUIEN NO LAS TIENE

Una consecuencia normal de este comportamiento obsesivo es ver complots y política donde no existen. Aunque sin ningún ánimo de criticar el consejo de mi jefe, es vital recordar que mucha gente —tal vez la mayoría— no es tortuosa ni marrullera y actúa como actúa por razones que declara abiertamente. (Naturalmente, usted puede, si lo desea, hacer un psicoanálisis de novato e intentar evaluar sus sentimientos más profundos en términos freudianos o en otros; pero aquí estamos considerando los motivos conscientes, controlables, no las motivaciones subconscientes, incontrolables.) Cuando trate de analizar aquello de lo que la gente es capaz, tenga siempre en cuenta la posibilidad de que no sean capaces de nada.

SACAR CONCLUSIONES PRECIPITADAS

El último y fundamental peligro que tiene el tratar de adivinar las intenciones de otras personas es que, si la suposición es incorrecta, llegará a conclusiones incorrectas y a decisiones incorrectas, razón por la cual siempre es más seguro y prudente no andar buscando segundas intenciones desde el principio. Sin embargo, en esas ocasiones en que es esencial tomarse, por lo menos, un respiro para analizar los motivos de una persona, la mejor forma de hacerlo es emplear un sistema similar al de la toma de decisiones de Benjamin Franklin.

Apunte cualquier posible motivo de su acción o decisión, desde la más evidente hasta la más absurda e improbable, ponga los motivos positivos (ventajas y beneficios) a la izquierda y los negativos (evitar riesgos y peligros) a la derecha. Tómese tiempo para hacer las listas. Evidentemente, debe tener en cuenta lo que sabe sobre el carácter y ambiciones de la persona, preferencias, relaciones personales con otros empleados, posición en la jerarquía de la empresa, etc. Y no olvide incluir la posibilidad de que la persona haya actuado sinceramente, sin segundas intenciones.

Una vez terminadas las listas, casi siempre comprobará que algunos de los puntos a cada lado se contradicen mutuamente y podrá eliminarlos; otros no se ajustarán a la valoración de la personalidad de la persona, o serán muy tontos o muy ingeniosos; otros conllevan implicaciones que se escapan a su control, sobre las que no puede hacer nada; otros, tras una madura reflexión, le parecerán improbables. Tache todos éstos.

En ese momento, se encontrará con dos o tres posibles motivos, de los cuales, todos o alguno pueden ser «correctos». Deberá reducir esta lista a uno, el que su conocimiento e instinto le digan que es el motivo fundamental en juego. Si puede, hágalo así, y déjese guiar por su decisión. Si no puede, se verá obligado a sacar conclusiones precipitadas y peligrosas y estará expuesto a todo tipo de eventualidades.

Se ha demostrado a través de estudios psicológicos que las expectativas de una persona con respecto a la actuación de otra, afectan mucho a su comportamiento. La forma de tratar a otras personas indicará lo que espera de ellas, mucho más convincentemente que cualquier otra cosa que les diga.

El secreto de tratar a la gente con supereficiencia es esperar mucho de ella. Su interpretación sobre este punto es que usted admira su capacidad y respeta la forma en que hacen las cosas. Y, sin ningún asombro, ellos, a su vez, trabajarán como negros y a gusto y todos saldrán ganando. En esto consiste tratar a las personas con supereficiencia.

LA SUPEREFICIENCIA PUEDE SER SUYA

Al principio del capítulo 6 hicimos una breve referencia a un estudio, publicado en 1979 en el *IBM Systems Journal,* acerca de cómo empleaban el tiempo los ejecutivos. En el cuadro siguiente puede verse el análisis completo.

	Tiempo empleado (%)	
Actividades	*Alta dirección*	*Todos los ejecutivos*
Escribir *	9,8	15,6
Correo *	6,1	4,4
Lectura de pruebas	1,8	2,3
Buscar	3,0	5,6
Leer *	8,7	7,3
Archivar *	1,1	2,0
Recuperar información archivada *	1,8	3,6
Dictar a la secretaria *	4,9	1,9
Dictar al dictáfono *	1,0	0,6
Teléfono *	13,8	12,3
Cálculos	2,3	6,6
Consultar con la secretaria *	2,9	1,8
Reuniones programadas *	13,1	7,0
Reuniones no programadas *	8,5	5,4
Planificación o programación *	4,7	4,3
Viajes *	13,1	6,4
Copias	0,1	0,9
Utilización de equipo	0,1	4,4
Otras	3,2	7,6
	100,0	100,0

Todas las actividades marcadas con asterisco se han tratado en este libro y (excluyendo «otras») corresponden al 92,5 % del tiempo de la alta dirección y al 78,6 % del tiempo de la dirección en general. Dicho de otra manera: con mucho, la mayor parte de su semana laboral. Así pues, si con lo que ha aprendido aquí mejora su eficiencia en un 10 % —objetivo bastante modesto—, mejorará su productividad en un 8-9 %, que es un mes más que gana al año.

Naturalmente, cada once meses no se encontrará de repente con un profundo abismo. Sencillamente, se encontrará con tiempo extra para planificar y ser creativo, tiempo extra para delegar y tratar a las personas consideradamente, tiempo extra para pensar, dirigir y relajarse, sin las trabas de las crisis continuas, la confusión, las catástrofes y el caos.

Ahora es posible definir las siete técnicas con las que puede usted utilizar las siete llaves, y su identificación nos servirá para resumir los principales mensajes del libro. Éstas son, en orden alfabético:

— Análisis.
— Desarrollo.
— Disciplina.
— Fuerza de voluntad.
— Listas.
— Preparación.
— Prioridades.

Análisis. Es esencial para la toma de decisiones, la resolución de problemas y el desarrollo de ideas; para la comunicación (piense lo que desea comunicar antes de escribir y hablar); para la administración del tiempo y para estudiar los motivos de los demás.

Desarrollo. Debe desarrollar aquellos talentos y habilidades en los que pueda mejorar fácilmente: comunicación personal, comunicación escrita, presentaciones, discursos, técnicas de venta; llevar al máximo la creatividad y al óptimo el trato con la gente.

Disciplina. Es requisito previo para vencer la pereza y superar la postergación, para atar corto a la charlatanería telefónica y al cotilleo de la oficina, para ayudarle a luchar con la distracción y para encontrar tiempo extra durante el día; y para desarrollar las cualidades vitales del liderazgo, la organización y la motivación.

Fuerza de voluntad. Otro concepto, como «lealtad», que es antiguo pero no está pasado de moda, la fuerza de voluntad es el móvil esencial de la supereficiencia, el cimiento crucial sobre el que se construye el perfeccionamiento propio.

Listas. Las listas le ayudan a que su memoria no haga esfuerzos, a acabar con los problemas y a acumular ideas y, sobre todo, sirven de guía para su programa de actividades diario.

Preparación. Debe estar preparado para las tareas desagradables y los «madanes»; para la negociación, el dictado y la informatización; para los desplazamientos diarios y los viajes de negocios; para llevar un archivo eficaz; para las reuniones. «Preparación» es sinónimo de una palabra muy importante: «ensayo».

Prioridades. Uno de los elementos fundamentales de la supereficiencia es el problema omnipresente de decidir el orden de prioridades de lo que hay que hacer: enfrentarse a las interrupciones, cómo ocuparse de la jungla de papel, qué leer, de qué tareas ocuparse y cuáles desechar.

Con estas técnicas, que no son para superhombres, puede utilizar hábilmente las siete llaves —comunicación persuasiva, administración del tiempo, superación de la postergación, dominio de los datos, generación de ideas, aprovechamiento creativo de los viajes y trato con la gente— para abrir todas las puertas que le bloquean el camino hacia la supereficiencia.

Sin embargo, la supereficiencia no es un proceso mecánico. Los seres humanos, como hemos observado antes, no son robots; la perfección es inalcanzable.

La supereficiencia sí es alcanzable. Y con la supereficiencia, usted podrá dirigirse a sí mismo, maximizar sus capacidades, su potencial y su éxito. De ahora en adelante, su vida laboral no será tan frustrante, estará mejor organizada y resultará mucho, mucho más divertida.